Ọgazị Amaka

Ositadimma Amakeze

ISBN: 978-978-51356-6-4

jokaamakking@yahoo.com

www.yowamca.com

+234 806 756 2773

@OsitaAmakeze

Mbipụta ya nke mbu 2015

Onye sere ihu akwụkwọ na ihe ndị esere ese:

Maazị Izuchukwu Agba

little_cliff4u@yahoo.com

Ndị bipụtara ya

LAURANS PRINTS LTD.

5 Oranye Street Onitsha.

Okwu Mmalite

Onye obodo ya na-ekwe *íjóm* ya a na-ekwe *íjòm*, marakwa na o jirila aka ya gụpụ onwe ya n'ukwe. Ukwempete bụ egwu onye agbaghị n'ụkwụ o kwee n'isi. Asụsụ Igbo bụ a na-asụ ya asụ, a na-ede ya ede; ma ọ bụ onye na-atatụbeghị ijiji, bụ onye na-amaghị na ijiji nwere okpụkpụ. N'ezie, isụ asụsụ Igbo bụ otu ihe, idezi ya ede bụrụ *ọnyịkọdọrọ!*

Amalitere m ide **Ọgazị Amaka** n'afọ puku abụọ na iri na anọ, n'obodo Tamil Nadu dị na India. Ndị a nwere ndị dị oji na ndị dị ọcha. Ọtụtụ ndị ojii ha jikariri anyị n'oji; ma ihe jikọrọ ha, dị n'ire ha, dịka ihe awọ na mbara ji ama ntụ si dị ha n'afọ. Anụghị m ihe ha kwuru nke ha nụrụ nke m kara n'agbanyeghị n'ọtụtụ ụmụnwoke ha na-ama ọgọdọ ịwarịwacha, ndị nwanyị ana-eyi uwe *meri amaka!* Anyị kwee n'isi ka nkenu, aghọtaghị ihe ọ bụla, e fee aka ka ogbi ma ọ bụ asụọ bekee ole ọbụla a sụtara. Nke ka mkpa bụ na asụsụ bụ e jiri mara mba; asụsụ ha jukwara ha afọ.

Dịka mmiri si bụrụ ndụ azụ, otu ahụ ka asụsụ si bụrụ ndụ mba. Na ihe dị, ihe ọzọ dịkwa bụ ya bụ ụtọ ndụ. Asụsụ niile amakacha, mana Igbo bụ ya makarịchara! A sụta nke a, sụta nke ozo, ụwa anyị abụrụ *kpakpankoro kpaankoro*. Ma ojemba echefukwala ndụmọdụ enyere ọkụkọ na-akpa mkpa, na ihe ọkwa gwara ụmụ ya maka ji na mkpọrọgwụ ya. Ọ bụ ya ka m jiri kpara mkpịsịodee na akwụkwọ m wee nwere ije, na-echefughị na ọ nwere ebe m si.

Ndị be anyị, apia fechaa n'elu, ọ lata n'ala kpara nri. Onye ihe ọ bụ ejughị afọ, ihe o che na ọ bụ, agahịkwa eju ya. Ọgazị amaka, ma e jighị ya agọ mmụọ. Ị bụrụkwa egbene, kwaa akwa, Ị bụrụ nnekwu yie akwa!

Igbo bụ Igbo mmammanụ o,

Nke onye chiri, ya zere!

Oziekele:

A na m ekele Ékè kere ụwa, Onye si n'ọwụwa anyanwụ kee Igbo. Chi *ekewo* m, a bụ m onye Igbo! Ndewo Chi Okike maka ahia n'anọ: Eke na-eketara anyị ihe ọma, Orie eyeere anyị ihe Eke ketara; *ihe ọma ihe ọma* ka Afọ ji afọjụrụ anyị ụkpa kwa izu, Nkwọ ewee kwọrọ anyị ka ike ghara ịgwụ anyị wee ruo Eke ọzọ! Anyị ga-adị ka echi niihina echi anaghị agwụagwụ.

Ndị mụrụ m, Maazị Ọssaị Amakeze (Okwudiile) na nne m ọma, Ijeọma Amakeze (Ọdikachọrọ), unu sụụrụ m Igbo gboogboo m wee mara asụ. Emeka Amakeze, m tuo gị Ezeigbo, ịza. Ọ kwa gị, ji asụsụ Igbo awa okwu agba na Nollywood. Onye Igbo sụkarịrị ndị bekee na bekee. Biko, kelere m ụmụnne m na ndị ụmụnna m.

Ndị nne m ochie na ndị nna m ochie leenụ m n'ala maka na onye maara nna ya, ahụla ndị gboo. Ndị mbụ na ndị egede: Ọlaụdah Equianọ, Fredrick Chidozie Ogbalu, Tony Ubesie, Cyprain Ekwensi…, onye ka a ga-akpọ ghara ibe ya. Fada Rich Ekegbo, Patrick Umezi (Nze), na Maazị Otti Chigọzie kelerenụ m ndị ọzọ, na ndị ụkọchukwu ibe m, niihina ọ bụ be ete, ka e si eje be nkwụ. Nnukwu ụkọchukwu m, Chukwuemeka Ezeokafor nara ụkpa ekele. N'ezie, a naghị agha isi aka agba ụrịo.

Anambra Steet, obodo ọma nke Naijiria, aka na-eti ịgba maka ọdịmma gị na ụmụ gị, kụrụ gawa, ịgba ya awala, aka ya ejila. Akanaachị obodo Anambra ekele m gị, chịrị gawa na ọ bụ onye bu uzo ka egwu na-eso, onye jikwanụ igu ka ewu na-eso.

Ma ka a na-ekele ndị gbara egwu ka a na-ekele ndị kụrụ egwu; na-ekelekwa mgbada kwere ka e jiri akpụkpa ya kwee ịgba. Gị, onye ọma m ji eme ọnụ na-agụ akwụkwọ a, ekele nke gị kacha. Onye nke gị mekwara gị!

Ositadimma Amakeze (Nzudinobieze)

Nhunye:

A na m ehunye akwụkwọ a maka Igbo,

ndị Igbo na asụsụ niile sụtụrụ ụwa ọnụ,

Otu Ikwalite Asụsụ na Omenaala Igbo (SPILC)

Kọmishọn Omenaala nke Awka Dayọsis (ADCC)

Otu Suwakwa Igbo

Ngozi Chuma-Ude

Ndị niile na-agụ Igbo

Ndị niile na-akuzi Igbo

N'uzo pụrụ iche:

Ifeka, O. R. (Ph.D)

Ụsakụsa sị na ọ bụ n'izu ọ kara ibu ọnụ,

ka ụmụnna ya ji

egbu enyi.

Isi Nke Mbu

Ikwikwii ka ụmụ anụmanụ na ụmụ nnụnụ ibe ya hụrụ n'ehihie ka ọ na-agba ọsọ, ọsụsọọ na-esu ya ka ebule ka nụchara ọgụ; na mgbagwoju anya, ha jụrụ ya sị, "Ọ bụ ginịkwa na-achụ gị? Ka o nwere ihe ị na-achụ?" Niihina ọ dịghị ka ụmụ nnụnụ ndị ọzọ, ọ bụ sọ ya na chi ya maara ihe o ji na-akpa naanị n'abali; ọ kwụsịrị obere oge, tụgharịa ka ọ mara ma o nwere onye na-eso ya n'azụ. O kwuru sị, "Ibe anyịnụ! Ọ bụ m mụrụ nwa m, kama na isi ya na-atụzikwa m egwu. Ntụgharị ọ na-atụgharị anya ya, bịara m oke ụjọ, akwụ m abataghịzikwa mụ na ya!" Ihe a bụ ihe dị egwu mere o jiri rie nwenwe ọsọ n'ehihe. Niihina Ikwikwii, dịka nwa awọ, anaghị efe n'elu n'ehihie; awọ hapụkwanụ ndagwurugwu rigoro n'ugwu, a mara na o ri awọ wakporo ya.

Nne Uchechukwu ji ọsọ na ije na-agbaga be Maazị Ibeanụ, ka ọ kọọrọ ya ihe akụkọ merenu. Gịnị mere? Uche dutere nwaanyị ọ chọrọ ịlụ ka nne ya hụ. O telearị Ugoude chọrọ ka ọ hụ ma kukwaa nwa nwa ya kemgbe Ọzọemela di ya nwụrụ afọ atọ gara aga. Mana uke ekweghi Uche chemie echiche ime. Ọzọemela bụ otu nnukwu dibịa katara ahụ n'etiti ndị dibịa a maara ama n'obodo. Dibịa gwọrọ ọzọ, ịnana ọzọ gburu dibịa.

Alo ika obodo ahụ nọkatara walite ka alọ oke ọkụkọ si etolite.

Ndị bụ ndị n'obodo gbakọtara, wee kwekọrịta na a ga-achụrịrị aja ka ike na ikikere were tọọ atọ n'ala. Ọzọemela sinyere udu n'ọkụ, sikwasikwa ite, kporo okwute iri na asaa kponye. Ọ chịịrị ego ayọrọ asaa asaa wụnye, tinye anụnụebe. O tinyekwara ero mmụọ rere ere. Ka mmiri ahụ o sinyere n'ọkụ sụwara, o kpooro ntụegbe juru iko, na ụtaba ọkara akpa ego wunye n'ekwu ahụ nke mere ka ọkụ nwuru vuum. Ikuku ọkụ ahụ kpalitere, gwakọrọ ụtaba na ntụegbe, wee kụsachaa nke mere na onye ọbụla kuuru ya kpọrọ n'imi, uzere arịwa ibe ya elu. Anyammiri gbakwara ụfọdụ mmadụ. Ọ chịtara irighiri ihe o kwuru na ọ bụ umeju Ogwumagana a mịkpọrọ amịkpọ, jụọ ma o nwere onye ga-ata? Onye ọbụla gbara nkịtị niihina ụsakụsa rie ogwumagana, ọ kwụsi iri anụ! Ma naanị Ọzọemela na ire ya maara ihe eze ya tara. O weere ọmụ nkwụ kechie ọnụ ya, ka mmadụ ghara ikwu ihe ụmụmmụọ sị ya ekwula, mere nzu baa n'okpuru anya aka ekpe, ka mmadụ hapụ ihusi anya. Ọzọemela kara aka, bụ ibe okwu nkenke. Ọzọemela bụ *akpụkantị* n'ihe gbasara isu atịkpa igbendụ! Ọ na-esu, ọ na-ere.

Ka o kulitere n'elu akpụkpọ Aguowuru ọ gwọsara ka nwa ngwụrọ, O keghere ọnụ ya, sụọ ude, sị ndị okenye nọ ebe ahụ gwuo nnukwu olulu maka ikwanye ihe aja niile ahụ. Tupu ụmụokorobịa a kpọrọ a na-egwucha ala, okwute ndị ahụ e sinyere eghechaala dịka ji abana e gburu awịị. Nri mmụọ bụ ogologo ngajị ka e ji eri ya, niihina ọ bụ naanị anụ ekwo ya kara aka na-aga ọgụ e ji isi alụ. Naanị mkpụrụ mmadụ olenaole riri ji okwute ahụ. Ndị maara ihe ibe ha ma bụ ndị riri ya.

ỌGAZỊ AMAKA

Ugbua, ọtụtụ ndị obodo agbakọọla n'ama maka ịgụ obodo aha na iwubere obodo otu arụsị kara aka. A na-ele nwata anya n'ihu tupu a gụọ ya aha. Nke a mere na ọgbọ tọchara ọgbọ, nke naanị mmadụ asatọ n'ime ha ka nọ ndụ, kwekọritara ka a kpọọ obodo ha "Uduite". A maghị ma a họtara aha a dịka aha ndapụta, ka ọ bụ aha mberede, kama a ma na udu na ite ahụ ka sikwasa n'ọkụ mgbe e kwubiri okwu n'ihu arụsị Nnyịkịrịpụtụ. N'atufughị oge, ọsọ mere mgbe ọtụtụ mmadụ chọpụtara na eze hapụziri ire nwa nkịta riri nsị, ga ree nwa ewu tara ahịhịa. Ndị na-eri ji na-eri, afọ na-etokopụta ndị na-agba nkiri. Obodo nwere ike ịtụwa nwoke ime, nwere ike ime ihe ọbụla. Ọzọemela nọ na-azọgharị, na-aba ka o si eme. Mgbịrịmgba ọ nyanyere n'ukwu na-ayọ, "gbagam, gbam, gbagam", niihina ikpo na-ada ka ọkwa ya ha.

Mgbe olulu ahụ miwanyere ihe dịka otu ogologo akpara igu nkwụ, Ọzọemela weere akịrịka na ọyọkọtọ wunye, kporo ogwu na akịrịkọ kponye. O horo mkpọrọgwụ na ogwu n'ukwu wunye, wee bido ịma mbem:

Arụsị Nnyịkịrịpụtụ, otu onye a na-asị unu abịala

Isi kara aka na-ebu ogwe, nwoke oghorogho anya

Ozu e bu n'isi, ọ na-atụ aka n'ebe a ga-eli ya

Anụ a na-agba egbe, ọ na-ata nri

Ji a hunyere n'ọkụ, o si n'isi na-epu ome

3

Ogbu onye mgbe ndụ dị ya ụtọ, o ruo ee

O ruo n'omume, mgbe Ikoro ji awalite n'ike

Oge erue, o ruenu ooo, o rueeee, o ruenu!!!

Gịnị ka oge ya ruru ime? Ọzọemela gwara ha na ihe niile a ga-akwanye n'olulu ahụ ezuola. Naanị otu ihe fọrọnụ bụ mmadụ. Ọ gwara ha na a ga-akwanye otu okorobịa anwụrụ ọkụ na-apụ n'isi niihina oke mmadụ bụ oke arụsị. Ndị okenye pụrụ ezi, takọọ isi ọnụ n'azụ ogige, ebe ha na-agba izu onye ha ga-akpụta. Mgbe ha pụtara, Ichie Idigọ buuru ụzọ jụọ Ọzọemela ma o nwere ihe ọzọ fọrọ a ga-eme tupu a na-ekpochi olulu.

"O nweghịzikwa. E tinyechaa mmadụ, e kpochie".

Ha jụkwara ọzọ, "Ya bụ na-akwanyechaa mmadụ kpochie, arụsị awaniri njem?"

Ọ zara ha, "Gbam!"

Ndị okenye ahụ kwachara ọchị, kụchaa akupe ha. Oge a, uhie na ọja na-ada n'elu n'elu. Ha gwara Ọzọemela ka ọ chịkọọ ngwongwo ya niile ọnụ, ma koro akpa ya, ka mmadụ wee pụta. Ka nke a na-eme, Maazi Chiejila kpọzere mkpọnaala ọ sụrụ n'akụkụ ọhịa, ala niile maa jijiji. Elu dere jimjim! A hụrụ ka ụmụnnụnụ, ma ụmụenwe riri nwenwe ọsọ maka ndụ ha, oke n'ọhịa, ngwere n'ụzọ. Chiejila dị egwu, ihe ọ na-agba bụ egbeigwe, ọ bụghị naanị mkpọnaala. O nweghị ebe maọbụ obodo ọ gbara mkpọnaala, mbuze aghaghị ịwa ebe ahụ.

Ugbua chi ejiwela. Ọnwa ji nwayọọ na-arịpụta n'elu nnukwu ukwu ọjị nke e gwuru olulu n'akụkụ ya. Ọzọemela na-ata murimuri ka ọ na-achịkonye akụrụngwa ya n'akpa mkpị nwa dibịa ya. Ozigbo ọ tunyere ihe ikpeazụ bụ okpokoro mbe nke dị nsọ n'olulu, a kwanyere Ọzọemela n'olulu na ntabịanya wee kpochie ya aja. Na mbụ, ọ ghọtaghị ihe na-eme. Ma ka aja na-ada ya n'isi, ọ tiri mkpu, bee akwa arịrị wee laa mmụọ. Ụka a kpara akpa, bụ isi ka e ji ekwe ya. Ma arụsị enweghị azụ ụlọ anaghị egbu egbu. N'ezie Obodo nwere ike ịtụwa nwoke ime, e nweghị oke n'ihe ha pụrụ ime.

Otu a ka Ọzọemela siri laa. Bido ụbọchị ahụ ruo taa, ọbụladị otu ahịhịa epulitebeghị n'okirikiri ahụ. Ala ebe ahụ ka na-ama jijiji ọ kachasị ụbọchị Eke ọbụla. Nwunye Ọzọemela ahụghị di ya anya ka a na-eli ya, niihina omenaala machibidoro nwaanyị ịhụ di ya anya ma ọ nwụọ. Ha kwenyere na Ọzọemela nwụrụ ọnwụ ka onye ọbụla nwere ike isi nwụọ. Chai! Ihe dị egwu na-eme n'elu ụwa a, okenye sịa asị, ọ dị ka ọ bụ eziokwu. Ma kedu ka Ọzọemela ga-esi kwuo ka e weta mmadụ chụọ aja, mmadụ ọ bụ ọkụkọ? Ọ na-eche ka e weta mmadụ, ọ bụ mmụọ, agaghị e ji were ya chụọ aja ahụ. Ka ọ bụ naanị ya bụwara dibịa, ka dịbịa nke ya ọ dị iche? A nọrọ mmadụ mmadụ, a na-esi mụọ mụọ. Onye techakwaa, ya buru ụzọ lee ụnu. Ihe onye tụrụ n'ahịa mụọ ka ochie dịbịa ga-azụtara ya. Ma dibịa jiri aka ya kuo onwe ya, ọ zọgbuo nwa ọkụkọ, ọ kwụọ ụgwọ ya. Ọzọ emezikwala!

Ime ọnwa atọ ka Ugoude dị, mgbe Ọzọemela nwụrụ. O ji eze kpee ekwere n'ịkwa di ya. Ụfọdụ agadi nwoke ekwe nka nọ naanị ifegharị ka udele n'ebe ọ nọ. Ọ bụrụ na ọ họrọghi ibụ ọzara laa niihina ọ mụtaghị nwa, ọ họrọ ibụ ikpo ọhịa n'ụdị akwụna; ebe onye ọbụla ọ masịrị nwere ike ịbanye na-adaghị iwu. E buru ozu ọnye ọzọ ọ dịka e bu ukwu nkụ, ozu ebu a ga n'ili na a di udele njo. Ma ihe ọtụtụ mmadụ chezọrọ bụ na onye ọbụla bụ ozu. Onye dị ndụ bụ ozu, onye nwụrụ anwụ bụ ozu. Ihe onye metara na-eso ya. Onye na-emegbu ajadu nwaanyị chetekwa na dịbia tufukata ọgwụ, otu ụbọchị, ọ tụghị ya onwe ya, ọ tụọ ụmụ ya. Ọ masị nwunye ya, ya buru ya ụzọ nwuọ, ọ mutakwara nwanyị? Ụmụ ya ndị nwoke ha ga-alụ nwoke ibe ha?. Tụfịakwa! ihe bụ arụ bụ arụ n'agbanyeghị otu ọbụla e siri tụgharịa okwu.

Uchechukwu amaghị ihe ndị a niile. Nne ya bara ya Uchechukwu mgbe ọ ka nọ n'afọ. O buru ọnụ, ma jụ nri; kama *kwọrọ m kwọrọ m* ma onye akwọ n'azụ na-akpọbisi ụkwụ, sị kwọtuo ya. O jekwuru oke ka o nyere ya aka, ọ jụọ ya kedụ oke nke ọ ga-ekete ma o nyere ya aka. O jekwuru ọginị, ọginị ajụọ ya ginị ga-egbochi ya na ya bụ ọginị, ịchịtu ute n'ala, makana aka nri kwọọ aka ekpe, aka ekpe akwọọ aka nri. Uchechukwu amaghị ihe ndị a niile niihina idide kwuru na ọ bụ ndị nwere isi, ka isi na-awa. Isi wara nne ya makana o nweghị ihe ọbụla e ji enyere ndụ aka. O nweghị ihe obula aka ya bidotere nke a ga-asị na Ọzọemela doweere ya wee laa mụọ akwadoghị akwado. Ndị nwe ọtụtụ osisi na ala o ji aka ike wee narachaa a bịala wekọrọchaa ihe ha niile.

Ndị o ji ụgwọ maọbu ụtụ, maọbụ nha ndị a dara ya nke ọ kweghị kwụ makana ọ bụ dịbia, ji nwayọ nyere onwe ha aka n'ihe ọbụla ha bituru aka na be ya. Ọ bụ nke a gosiri na ụkwụ jie agụ, mgbada abịara ya ụgwọ.

Otuosiladị, ọ dị mwute mmadụ ife ka egbe, ma mgbe ọ chọrọ ifetu, ọ daa ka udele. Asampete nwaanyị dịka Ugoude ịlụ Ọzọemela dịka enwe ikweta uze ọlụlụ di niihina ha abụọ si n'otu ụzọ ala be ha n'elu osisi. Icheta ndị bịaara ya di, tupu o kweta Ọzọemela di, dịka ogwu idunye n'ime ọnya na-ala ala. Nke a bụ eziokwu, niihina nwaanyị anaghị a kọrọ di ya ndị o kwetera, ma ọ ga-akọrọ ya ndị nke o kwetaghị, ma ndị ukwu, ma ndị nta.

Ugbua, Ọzọemela anọghịzi, ọ nwụrụ site na obi nfepụ n'ọbara mgbalielu dịka e siri kọọ; mana ọ di ndụ n'ime nwa ya nwoke. Uche nwa ya nwoke bụ o yiri nna ya, n'ezie ọ bụ a hụ nwa e cheta nna. Ekele diri Chi okike yiwere Ele na nwa ya otu ụdị uwe niihina e bola Ugoude ebubo nke a maghị ka e si akọwa. Ụdị ebubo ahụ bụ nke mmadụ enweghị ike ịgọnarị; udi ọ na-abụ e lee ya anya, ọ bụrụ eziokwu, e chee ya eche, ọ bụrụ ihe mere eme. Mana ọ bụ naanị Chukwu maara na ihe ndị a niile bụ mmegbu. Nsogbu dị bụ na ndị mmadụ kwesịrị ịma nke bụ eziokwu, mana kedụ ka ha ga-esi mara, ebe obi ọtụtụ mmadụ juputara na ntụ na aghụghọ. Ewo! Onye sị na ọ bụrụ ya, ọ bụrụ ya, ọ ga-eme gịnị?

Ọ bụ otu Maazị Achụama, onye nke rịọrọ Ugoude enyi, kwekwa ya nkwa ike alaobi ya abụọ, nye ya otu ma o kweta ya, biakwara buru imeto aha mmadụ n'isi na-akpagharị. Ọ kpọrọ Ugoude *"Akwụla na-akwụgharị na akwa site na akwa, n'akwaghị di ya akwa."* Ihe arụ na-eme n'elu ụwa. Ụmụ mmadụ buzi ajọ okwu n'ire ka akpị si buru n'ọdụ na-achọ onye ha ga-agbawa obi. Ọ dị njọ igba ama asị gbagide mmadụ. Anụ a na-achụ, ama ọkwa a bụghi oke, nke ọ na-abụ ngwere. Anụ a na-achụ ama ọkwa ya bụ ajọ anụ, nke bụ na ndị na-achụ ya ga-eke nkwụcha. Achụama sị na Ugoude na-epiogharị n'akwa. O ji ọgwụ mara? Ọ bụghị ahịa onye na-azụ ka ọ maara anya ya? Nke bụ eziokwu bụ na nwoke a bụ Achụama, amaghị ọnụ ọgụgụ ụmụ ya dị n'elu ụwa a. Ị pụta n'ama ise mebere obodo a, ọtụtụ ụmụaka yiri Achụama. N'ezie, ọbara anaghị asị asị. Ma ọ na-aga n'ụzọ, ikuku a na-akwagharị ya ka . onye ọnwụ na-achọ igbu.

Ugoude bere akwa, wee chere Chi ya.

Anaghị ekpuchi afọ ime aka. Ọzọ bụ na mmadụ apụghị igbochi anwụrụ ọkụ ịpụta. N'ezie, oge Chi ka mma niihina ụkwa ruo oge ya, ọ daa.

ỌGAZỊ AMAKA

Isi Nke Abụọ

Etu ọbụla e si kpuchie anwụrụ ọkụ ahịhịa, ọ ga-ahụrịrị ebe ọ ga-esi pụ. Maazị Ibeanụ so na ndị Achụama meghara obi site n'asịrị ọ sịrị gbasara Ugoude, nke mere na sọ otu onye kara ịkwụnyere Ugoude na nsogbu ya gbakụtara ya azụ. O nweghi ihe ka egbu obi ka onye nke mmadụ igbakụta ya azụ na nsogbu. Mana eziokwu anaghị agba nchara. Ọ sọkwa ugwu ya dagide eziokwu, maọbụ ndagwurugwu ya milaa eziokwu, eziokwu ga-apụtarịrị ihe niihina etigbuchaa eziokwu, ọ ga-ese elu.

Anụ a na-achụ na-ama ọkwa ya, a bụghi odogwu, ọ bụrụ ọdọgbu, mana ọ nwere ihe mmadụ jiri bụrụ *mma ndụ*. Nke ka nke bụ na omume mmadụ niile gbasaara Chi okike kere ya, nke bụ na iwu mabidoro mmadụ ime otu o siri masị ya. Iji ma atụ, ọ bụrụ na Okeke anaghị eri ngwere, ma Okeke enweghị nwamba n'ụlọ ọ na-egbutere ngwere, ọ were gbuo nwangwere n'ụzọ tufuo; Okeke ga-aza azịza ngwere ahụ o gburu. Ndụ ihe niile, ọ kachasị ndụ mmadụ dị nsọ. Ọ bụ nsọala imeru mmadụ ahụ maọbụ iji anyaukwu were ọkụ mmadụ. Anụmanụ nwere ike ime ihe kpatụrụ ya n'uche, mana ikpe dịịrị mmadụ ma ọ bụrụ na o jighị akọnuuche ya mara ihe dị mma na nke dị njọ. Achụama mere *ibukwu* site n'igba ama asị gbagide mmadụ ibe ya, ma chezọọ na ezi aha ka ihe niile. N'usoro ihe, ụgwọ njọ bụ ọnwụ. Onye ji ụgwọ ga-akwụ ụgwọ o ji, ka o wee nwere onwe ya. Ọ bụ ihe mere, ihe wee soro ya. Ọnwụ bụ inwere onwe n'elu ụwa a.   Achụama ataala nchara.   Achụama bụ efuluefu. Niihi nke a, ọ sara asịsa, ka e wee sachaa ya ire *gbakaa ute ya.* Ọ dị mkpa ka ndị obi ọjọọ na-asa asịsa tupu ha nwụọ, ka a ghara ịsị ka a gbaa afa, were tufuwe ego maọbu ịchọ ihe gburu ha.

Ka obodo nụrụ na Achụama na-asa asịsa, ndị mmadụ gbakọtara be ya, ka ijiji si ekwe egwu n'ebe a toghere ngwungwu ogiri e tere nke ọma. Maazị Akịdị gbaghaara okpu na mkpọ ya n'ọsọ, were na-agba ka agadị nwaanyị nwa mkpi napụrụ mkpọ ụtaba ya. Okwu niile ndị ya na ha nọ na-añụ mmanya na-ekwuzi dara ya n'azụ. Ọ bụrụ eziokwu na Achụama na-asa asịsa, a mara na ama akịdị agbaala n'ikpo nsị:

A yọrọ m Ugoo m enyi oooo, o nyeghị mooo

Ya dinyebinye m di, ọ sị m di ya elu, di ya ala

Ọ kweghị m di, m were sị na ọ ga-ekweriri

M were tụnyere Ọzọ alo ka a tụnye mmadụ

Tụnyekwara Obodo alo na Ọzọ abughị mmụọ

Ndị ama ma ndị amụma m gwọọrọ ọgwụ o

Ma ndị Igwe ma ndị chọrọ ịka aka ka igwe

'E jee a laa bụ isi ije' m suuru ndị ohi na ntọ

Ezuru m ohi, zuo ohi, zukwaa ohi n'elu ohi

Ọ ka kpụ okwu n'ọnụ mgbe Akịdị bịaruru. Ụzụ na mkpu na-ada ebe niile. Ugoude adaalarịị n'ala loo ndụ ya n'afọ. Maazị Ibeanụ kpọnwụrụ ka osisi kpọrọ nkụ, legide anya n'elu ka onye hụrụ ọhụ dị egwu. Akịdị weere agidi fọjuwe Achụama ọnụ, were aka kpuchie ya ọnu, ka ọ ghara ịta mmọnwụ; niihina ikwiikwii bee n'ehihie, a mara na egwu ga-adị. Ọtụtụ ndị mmadụ tinyere aka n'isi ha, ụfọdụ gbado aka n'ukwu. Ntamu wee di ebe niile. N'otu oge ahụ, Achụama tajipụrụ Akịdị mkpịsị aka abụọ gbụsa n'ala. Mkpu dara, ụzụ tụọ. N'ezie, Obodo dị ime wee gawa n'oke, enweghị oke n'ihe ha pụrụ ime. Anụ a na-achụ, na-amakwasị ọkwa bụ ajọ anụ. O nweghịkwa onye hụrụ Akịdị anya ọzọ, niihina ọ maara na ire na-asa asịsa, dịka afọ ọsịsa, ọ gaghi akwusị ma ọ bụru na ihe kpatara ya apụchaghị. Ama Akịdị agbaala n'ikpo nsị. Ọ tara ndị niile bụ ala adịghị mma, ndị ya na ha na-eme *agbata e kee* n'ime mpụ n'obodo.

Ji na ede bidoro fuwe n'ahịa abalị ọbụla, mgbe e mere Maazị Akịdị onyeisi nche obodo. Ndị mmadụ enweghịkwa obi ịrụ ala n'ịhapụ ngwa ahịa ha n'ahịa etu ọ dị na mbụ. Ọkụkọ niile funyuchara anya bụ n'afọ Akịdị na Achụama ka ha nọ na-ezu ike. Nwamba a kpọbatara n'ụlọ ka ọ chụọ oke, na-arọ azụ dị na ngịga anya. Ọ hapụrụ iri oke, ma buru ngịga gbafuo. Kedu ka mmadụ ga-esi gaa ịnyụ anyụ, zọrọ azọrọ. Maazị Akịdị *amaghị oke ala*, na-ezu ọbụladi ihe fọrọ otu! Nkea bụ nọọ nkita ita ọkpụkpụ anyanyere ya n'olu.

Tupu chi a na-efo, Achụama gbọgidere ụfụfụ wee nwụọ. E lili ya ozigbo n'agbaghị egbe ọbụla, nke a na-akwa ya akwa. Ọ bụ naanị onye biri ezi ndụ, nwụọ ezi ọnwụ ka a na-agbara mkpọnaala ka ndị mmụọ wee kwado ịnabata ya n'udo. Ọ bụ olu mmadụ bụ olu Chukwu; ozi e ziri anwụrụọkụ e ruola eluigwe. Ma ndị diochi gbara ụzọ huru arụ n'elu otu osisi abụghị ukwu nkwụ. Maazị Akịdị kwụgburu onwe ya n'elu otu ukwu ụkpaka dị na ọmaagụ. Ire ya toputara otu akụkụ, anya ya mechiri ka onye ihere ọnwụ na-eme. Otu udele nọ n'elu osisi ahụ na-ekele Olisa bi n'igwe, na-echezi ụmụnna ya ka ha bịa tọtuo ngịga. A naghị akụ mgbanụ aracha aka, niihina a gaghị afanye ya n'elu uko. Ụmụ udele amarala na ajọ ọhịa bụ ili onye ọbụla kwụrụ ụdọ. Ịkwụ ụdọ bụ arụ kwọ nwa. Uduite adịghị eli onye mere arụ n'ala ha, maka imerụ ala. Ọzọkwa, e lie ajọ mmadụ, ajọ mmụọ apụta. Ya bụ, ma e koturu onye kwụrụ ụdọ, ma e kotughị ya, udele na ụmụnna ya amarala ihe ha ga-eme. Ebe ọbụla arịrị nwụrụ, bụ ili ya.

O zochaa, ọ gbachaa. Obodo deere jụụ. Ọ dị mma ka ndị ajọ obi na-asa asịsa tupu ha anwụọ, ka a ghara ị sị ka a gbaa afa, tufuwe ego na oge ịchọpụta ihe gburu ha. Ma mmadụ iji aka ya were ndụ ya bụ ịnwụ ọnwụ ụzọ abụọ dịka Akịdị; makana mmadụ jụ onwe ya, ndị mmụọ ajụ ya kpam kpam. Onye na-abaghịrị onwe ya uru, ọ bụzi onye ọzọ ka ọ ga-abara uru? Ọ bụrụ na Akịdị amaghị oke ala, ọ na bụzi oke elu ka ọ ga-ama o ji wee gaa kwụọ ụdọ? Onye ọbụla gbụpụkwa asọ, si *ihie mee* na mmadụ ịbụ ogbenye, bụrụ amosu jọgbụrụ udele, ma sigbuo nkakwụ n'isi.

Ugbua, ikwunaibe anụla ma mara nke bụ eziokwu, ya na ihe mere ede jiri bee nwii. Maazị Ibeanụ anụkwala ka o siri mee. Ọ rịọrọ Ugoude mgbaghara niihina O kere ikpe n'ọnụ otu onye; nke ka nke bụ na o nyeghị ya ohere ịkọ, maọbụ ịzara ọnụ ya n'ebubo Achụama boro ya. Ya onwe ya bụ Ibeanụ, enweelarịị ndị ọzọ ọ kọọrọ akụkọ maka agwa ọjọọ, 'ajọ' nwunye nwanne ya nwoke nwụrụ anwụ kpara.

Ọ bụ otu nnukwu nna ji nna Ibeanụ na nna Ọzọemela, ha abụghị otu nne. Ọzọ Ibekwe lụrụ nwanyị abụọ, Ọdụugo na Chinwendụ. Ọdụugo mụtara Obiekwe, Obiekwe wee mụta Ibeanụ. Chinwendụ amụta Mmadụagwụ, onye mụtaziri Ọzọemela. Ọzọemela sị na agwụ nna ya mara ya, o ji wee bụrụ nwadibịa.

Ugoude gbaghaara ya, o ji were ọsọ na ije na-agbaga be Ibeanụ ka ọ kọọrọ ya ihe akụkọ mere. Ọ gịnị mere? Uchechukwu, nwa ya nwoke dutere nwanyị ọ ga-alụ ka nne ya hụ. O teelarịị Ugoude chọrọ ka ọ hụ, ma kuo nwa nwa ya kemgbe Ọzọemela di ya nwụrụ afọ iri atọ na otu gara-aga; ma uke ekweghị Uchechukwu. Oge di ya nwụchara, agụụ hịọrọ ya ọnụ ka chi nkakwụ siri pịa nkakwụ ọnụ, kpụọ ya isi ka chi udele siri kwọchaa ya etiti isi, na ihe ndị ọzọ ekweghị nkọcha. Kaosiladị, oyiyi ọdara ibide dị na agbataobi anụ abụọ a na Ugoude, o chekwabara nwa ọ bu n'afọ, hanye ya n'aka Chukwu ka uche ya mee. Uche Chukwu mere n'ezie, a mụọ nwa; ma ọ ga-abụ mmasị mmadụ ibi ndụ nke ọma, ka nzube Chi Okike mezuo, makana onye a na-eduga n'ama na-ebu ụzọ.

Dịka ikwiikwii gbafuru n'akwụ ya n'ehihe niihina anya nwa ya atụgbuola ya n'egwu, ka Ugoude na nwenwe ọsọ na-eme, niihina ihe na-eri nte abakwutela nte n'ọnụ. Nwata nwaanyị nwa ya nwoke kpọbatara n'ụlọ dịka mmọnwụ tibiri n'ụdọ nke gbanahịrị onye na-akpụ ya. Ntutu isi ya toro ogologo dịka nke mamaịwọta; iku anya ya na-eti *bum bum* ka ikuku a ga-eburu ya ka atanị akwanyeghị nke ọma. A sị na ọ bụ *ataachị* ka ọ kwanyere n'isi na n'anya. Ugoude kpọrọ Uchechukwu nwa ya sị,

"Ọ bụ akpachi, ọ bụ ịkpachi, ka ọ kwụnyere n'isi na n'anya ya, achọghị m ịma. Ndị be anyị anaghị aba n'ụlọ na a hụrụ gbamgbam. O oo, akpakwara akpa? A ga-akpanụ akpa nwa m!"

Uche kpoghere ọnụ, ka ọ na-achọ ịkpọ, "Nne....." Ugoude zaghachiri

"Mba nwa m, ka hapu *ine* m ugbua. Nwaanyị abụghị ngwugwu nwata na-aga n'ama ebute ka isi ụkwa onye mbụ hụrụ, na-eburu, nke o ji abụ sọ otu onye na-alụta nwaanyị. E mee otu ahụ, ọ bụrụ na ọ bụrụ na ọ dabaghị."

Nke ka nke bụ na nwata nwaanyị makwasara ya ọsụ ka ejula ahụnyere n'ọkụ, rọọ ya anya, kụchaa aka ka ụkpaka kara aka, wee makwasịkwa ọsụ n'elu nke ọ mara na mbụ. Aja na ajụ jụrụ Ugoude anya. O *beghere* ọnụ ka nwa nnụnụ agbara gbara n'ọnụ. Ọ nọ na-eti naanị "Chi m egbuo m ooo," ka ọ na-agbaje na be Ibeanụ, niihina agwọ otu onye hụrụ, aghaghị ịbụ eke. Ọ dị mkpa na ikwunaibe ga-ahụrịrị ma nụkwa nke a.

Isi Nke Atọ

Ọ na-abụ anya bewe, imi e soro ya bewe. E meta ntị mma, ọnụ achịsie ọchị ike, ka eze nara ikuku. Ma ọnụ ịtakwo eze, adịghị ire na agba mma rukwaa echi. Ugbua, o jirila nkeji iri abụọ na atọ gafee elekere iri na otu nke ụtụtụ. Ehihie apụwala mgbe Ibeanụ rutere na be nwanne ya bụ Ọzọemela, onye nke nwụrụ kemgbe afọ iri atọ na otu. Ugoude sochiri ya azụ, na-atụrịkwa ọsọ, na-ata murimuri ka onye ara bidoro ọhụrụ. Ọ chịlie aka ya elu, ọ chịtuo chịkwasa n'obi ya na-eti, "Chi m egbuo m ooo! Ọ bụ ka m siri jee e!"

Nke mbụ, ka nwaanyị biara ije di siri kposaa ụkwụ n'elu oche, ka esemookwu a dị n'etiti mpara ụkwụ ya abụọ, gburu okwu nkenke. Ndị mmụọ gara iwere mmadụ, ruru hụ na onye ha chọrọ iwere ndụ ya dara elu, wee kwuo na o beerela ha ije nkenke. Nwata nwaanyị ọbụla ñụjuru ara nne ya afọ, nweta ezi ọzụzụ n'ụlọ nna ya maara na nwaanyị na-achịkọta ụkwụ ọnụ. Nwaada a chịịrị anya wụnye Ibeanụ n'anya. Ibeanụ kwachara akpịrị ya, kpọọ n'ubu, lee Uchechukwu anya, lekwaa nwata nwaanyị ya anya, jụọ sị,

"Nwaanyị, i keleela m?"

Ọ sara ya ka afọ ọsịsa si,

"Mụ ekeleghị gị, ị keleenụ m!"

Uzere pụnahụrụ Ibeanụ, ntị ya abụọ maa jijiji, ka ogene mkpị abụọ danahụrụ onye na-akụ ya. Ọ tụgharịrị ozigbo che ihu ebe o chere azụ. Ibe anyị, onye pụta ụra nwa ọkụkọ ya chụwa ya ọsọ, ya gbawa eleghi anya n'azụ, niihina o nwere ike ọ bụrụ na o puru eze n'abalị. Nwata a zụrụ nke ọma, maara na ọ bụ ọrụ ya ikele ndị okenye na ndị tọrọ ya. Ọ bụ arụ, nwata ịsa agadi okwu, ma ya fọdụ ịgbakesiri ya anya na ọnụ. Azụka ekwuwaala ọnụ, mana n'uche ya, ọ gwagbuola okenye n'okwu. Ire ya dị ike, ma dị nkọ, mana ọ maghị na ọ bụ ire ọma ka ejula ji aga n'ogwu.

Ibeanụ maara na ihe a agbaghị aka. Azụka bụ ọgbanje, mana o jechaa taa, ọ fọ ya ụla. Ọ na-aza Azụka, ma ọ gaghịkwa alaghachi azụ, makana okwu ya gosiri na ma ya ma mma ya gbara ụka. E

16

tuweghị nku egbe n'isi, ma ya fọdu nku udele. Ee, mmụọ na mmadụ maara na Azụka mara mma, mana ọ bụ ezi agwa bụ mma nwaanyị. Mma naanị ya, na òkóòkó bụ agbataobi. N'ụtụtụ, ọ na-achakesi, ma tupu mgbede a na-apụta, ọ kpọnwụọ. Ma nwaanyị nwere ezi agwa, bịa makwasa ya mma, dịka mkpụrụakụkụ e chekwara nke ọma, nke na-amịta mkpụrụ akụkụ ndị ọzọ na-enye ọñụ.

Ụdị ọñụ a ka Ugoude tụrụ n'ahịa. Nwunye nwa ga-akpọ ya, "nne di m ọma," zachaa ụlọ na mbara ụtụtụ, soro chute mmiri, sorokwa kpata nkụ. Ọ chọrọ nwunye nwa a ga na-akpọ Ịdịkachọrọ. Onye maara esi ofe dị icheiche, bịakwa mara ihe e mere nri ji na ofe egwusi nakwa akpụ na ofe ọnụgbu ka ha wee zuru ike n'afọ.

Dịka mmanụ e fesara n'elu gbamgbam anwụ chakwasara, mkpụrụ mmadụ olenaole ndị gbakọtara, ji nwayọọ lachaa ozigbo Maazị Ibeanụ lawara. Dinta ọnya ya matara nkakwụ, na-esi azụ ụlọ ala. Azụka ga-esikwa azụ ụlọ laa, niihina a na-ekwu na ọkụkọ manyere ọnụ, ọ chịrị ụkwụ ya abụọ wụnye. Mgbe Maazị Ibeanụ na-ala, Azuka sụrụ bekee, nke pụtara oke mkparị site n'ụda ya. Etu o siri dewe ọnụ were sụọ ya na etu o siri na-agbakasị ọnụ ka ụkwa a na-eghe n' ọkụ, gosiri na a na-esi n'isi ahụ, ama ụtọ nsị.

Okenye nạ-aga n'ụzọ na-efe n'isi, na-agba n'aka, mara na arụ mere. Ọ gaa, gaa, o tie, *"ihie m e!"* O kweghi ya aghọta na nwa *nshịkọ* ahụ jiri bekee sụrụcha ya ahụ. Maazị Ibeanụ agụghị akwụkwọ, nke ọ na-anụ *tụgbim*; mana o nwere onye gụrụ akwụkwọ. Majie gụrụ, site na mbido ebe akwụkwọ bidoro, ruo ebe akwụkwọ jedewere. Ọ na-asụ bekee, ọ na-ada ka egbeigwe. O na-ada "gbowam gbowam", anwụrụ ọkụ a na-apusịsị site n'ụdaike e ji asụ ya bụ egede. Majie sị na mmadụ enweghị ike iji ụdamfe, maọbụ ụdaume were sụọ bekee. Ọ ga-abụrịrị ụdaike e si n'imi wee sụwapụta, ijirikwanụ Igbo sụọ ya, i sụhie. Asụsụ a abụghị ihe mmadụ na-anọkata holiri ka mkpọ a gbadoro aja. A na-agbasa ụkwụ were egbu achara.

Majie bụ 'ntaprịta' obodo nwere. Ya na-asupe, na-agụ, ma na-atapịa ozi ọbụla si mba ala bekee lọta. Ọtụtụ oge, ozi maọbụ ngwugwu dara agụ asaa na mmiri asaa, were lọtara mmadụ, ga-anọ mkpụrụ ụbọchị atọ maọbụ karịa na be ya; ka o wee lebaa ha anya nke ọma. E nwere ihe a na-atụpụ n'anụ, were eri. *Majie-si-leeti* bụ aha ntulugo Maazị Njelịta, dịka o siri kọọrọ obodo. Ọ sị na o ritere nzere a n'aka ndị ọcha, mgbe ọ gụrụ akwụkwọ ka agha bichara. N'ezie, ọ dịghị mgbagha na ọ sujiri *sileeti* mgbe ndị ọcha ka nọ tupu *ndipenda*. Inyere ndị mmadụ aka kama ịtabi ire dịka ndị ọcha na-akpọ ya *Njlita*, ọ gwara ha na onye Majiesileeti ekweghị ịkpọkọta, ya tuo ya *Majie*, niihina ọ dịghị mfe mmadụ imaji *sileeti*.

Ka Ibeanụ batara, o turu ya aha. Ha nara atọ dịka ndị okenye si ekele. Ọ gwara ya ozigbo ihe o jiri bịa, niihina a naghị egbu mbe e dowe ọra. Ọ kwachara akpịrị, kwaa ụkwara ka ọkpụkpụ ọ gbadoro ya. Ma o chetazighị bekee ahụ ọ sụrụ, e jiri kparịa ya. O kwere n'isi ka oke ngwere dara elu, ebe ọ na-eche ihe ahụ mere ede, o jiri bee nwịị. Majie kwachasiri ọchị ike, nye ọbịa ya oche ka obi ruo ya ala. Ọ sịrị ya;

"Ọ kwa m sị unu wetara m mmanyaọkụ ka m were na-akpalite mmụọ m, unu chee na ọ bụ ọnụ ka m na-ekwuhie. Nọrọ ala ka m cheere gị ọjị. Tupu ị na-atacha ogbe oseọjị abụọ maọbụ atọ, ụbụrụ gị ga-atọgherịrị. E nye gị uche; ị tụkwasazie ya kaịkaị, e nyekwuo

19

gị akọ!"

Ibeanụ chịrị nwa ọchị sị,

"Ibe anyịnụ, mmadụ tọkwara atọ."

"Tọkịn (talking)! Chewe, ị ga-echeterịrị".

"E he e, ọ sịrị m, ọ sịrị m…."

"Sịnụgịnị (singing)! Hahahaha, bekee bụ agbala. Chewe, chewe.

"Nwata nwaanyị ahụ sịrị m,

"Jee ta…." Echetazighịkwa m nke o jiri mechie ya. Kama ka o siri ghịgoo ọnụ wee sụọ asụsụ ahụ, gosiri na ọ kpọrọ m iyi ka o si masị ya. Ọ kpụ okwu n'ọnụ, mgbe Majie kwuru,

"We. Jee taa wee!"

"Eee, Jee taa weeeee…."

Majie tiri mkpu nke mere na ndị mmadụ gbakọtara. Akịdị abụghị ngwere ntagha mbụ; ya bụ na ọ na-etibu mkpu eti mgbe ọbụla e ji asụsu mba ọzọ zochie ihe maọbụ kwuo okwu ọbụla. Ọ na-ahụ n'ihe na-ahụ na nzụzọ n'ihe gbasara ịtapịa asụsụ ọbụla. Ọ bụrụgodu nke mmadụ anụbeghị mbụ; na nti ya anụbeghị ya, bụ na ire ya atapiabeghị ya. Onye ọzọ nwaa ya, ọ tabie ire. Mgbe ọbụla o tiri, *"Ala ki dọnụ, dia ki dọnụ ko nkowa,"* ndị nọ nso agbata maka ịnụ ihe dị ịtụnaanya dị na bekee, ya na ịkụrụ ya aka. O siri Maazị

Ibeanụ n'olu ebere na mwute,

"Bewe akwa *Misita* Maazị Ibeanụ. Nwata nwaanyị a, agwaruọ gị ahụ. Ma obi ya ajọọ ya *fulu stopu*."

Ozigbo ahụ, o tie, "hei!" nke mere Ibeanụ jiri kụja ka onye ihe ọdụdọ na-ado. "Cherekwa o, tupu m na-atapịa, ka m kpọọ ụtaba, tunye nkwụ n'isi, niihina a sị na a rachaa mmanụ, ụka abaa na nti."

ka o mechara, ọ gara n'elu uko, weta otu ogologo mkpịsị e kere akwa na-acha ọcha na nke na-acha ọbara ọbara n'isi ya. Ọ gwara Ibeanụ na ọ ga-eburu ụzọ were *Mkpịsị Grama* ya gbaa afa *A b ch d* n'ala, ka a mara ebe a sụrụ asụ dewere ọdụ. O welitere mkpịsị ahụ, buru ya ka Izuọgụ bu ọgwụ, wee dee *ndesuru ndesuru* n'ala,

Aka Bekee Gbuo

Dinta Egbe Fee

Gụọ Ghaa Hausa

Ite ịgba Ji

Kalama Logo Mma

Nkịta ñụọ Oke

Ọgụ Pọọpọ Kpakpando

Je sụọ ịsha

Ka ọ na-ede, ka ọ na-agụpụta. Ụfọdụ ndị nọ ebe ahụ bidoro tuwe ya aha, "Ọkọ ọgba na-abụọ " ndị na-akụ aka ha na-akụ, ndị na-ekwe n'isi ka nkenu ha na-ekwe. Ụzụ tụrụ. Aka na-ada. Ibeanụ nọ na-eti sọ, "Ị dị egwu, odogwu ị dị egwu." Obodo Uduite maara afa, afa mara ha, eriri maara ngwungwu, ngwugwu mara onye kere ya; mana a hụbeghị ụdị dị otu a na mbụ, iji Mkpịsị *Grama* gbaa afa *A bịị chịị dị.* Ọzọemela gbakwara afa, ugiri jiri mara nwadibịa, mana obodo ahụla na akwụkwọ karịrị dibịa. Chi na-efo, ụsụ a na-emowanye imi. Nke a hụrụ taa na be Majie, abụghị nke a ga-ahụ echi. Ya kpatara Obodo jiri kwere na o bidoro na mbido akwụkwọ, ruo na njedewe.

Ka o mechara, o ji mkpịsị ahụ mee anwansị n'elu ederede ahụ. Ka ọ na-eme nke a, ka ọ na-ekwupụta, *"jee," "taa," "wee."* Ọ lere Maazị Ibeanụ anya jụọ ya sị, "Ị maara ihe nke a pụtara?" Ọ zara ya mba. Ọ tụgharịa, jụọ ndị gbara ya okirikiri ma ha maara ihe *je ta we* pụtara? Ha zara ya mba. Ọ gwara ha na ihe ọ pụtara bụ, "gaa taa uwe ụmụnna gị niile." Ike kwụrụ ọtọ gwụ okwu. A chọọ Maazị Ibeanụ, a hụghị ya. O kuliri ọtọ ka ọzọdimgba na-achọ ịgba mgba. Ọ gbagoo, Ọ gbadaa. Majie kụrụ ya aka n'obi sị ya, *"Iziii, Iziii,* emela ihe ka ị ha!"

Ibeanụ fenyara n'isi sị, "Aga m egbu mmadụ,…."

"Gbuo gịnị? E ji *mmachete* egbu *smọlu* anwụ nta?"

Ka Majie ka kpụ okwu n'ọnụ, otu onye ara a na-akpọ Ibuanyịdanda malitere egwu. Ọ chịpụtara ọtụtụ komkom, osisi na igwe n'ime otu akpa n'ime akpa ise ọ bụkọ, wee bido nkwa. Ọ na-akụ, ọ na-ekwe, ma na-agba,

Unu ahụla, a sụọrọ Ibe bekee, sị ya 'get away,'

Get away n'olu bekee ọ bụ ya bụ Jee taa uwe?

N'obodo ndị iti mpataka na ndị iti mpatako

Onye bụ naanị iti na-etiri ha iwu, bịa bụrụ eze!

Maazị Ibe gaa ghọrọ oke ka iwere ga taa uwe;

Ị tachaa nke ụmụnna gị, ị taa nke ntapirita gị

Takwuo okpu Igwe dịka ngwe si egwe agwa

Pii piii, pi pi piii, piiiiiiii, pi!

A nyụchaa nsị, a kapịaghị ya ọnụ, ọ bụrụ otoro. Ibuanyịdanda o kwuru okwu, ọ gụrụ egwu, nke ọbụla ọ ga-eme, ọ ga-ejiriri ọja ya gbuo, *"piiiiiiii, pi!!"* Obodo niile nwere ndị ara, mana o nwere ndị ara nke ha ka. Uduite nwere ọtụtụ ndị ara. Ara dịkwazi n'ụdị n'ụdị. Ụfọdụ na-amalite amalite, ụfọdụ nọ na nkeji nke mbụ, maọbụ n'etiti ara; mana Ibuanyịdanda ayịruola ara n'isi ngwụcha, were bidokwa n'isi. Ọzọ dịka ibe ya bụ na o nweghịkwa mgbe aha Igwe Uduite ji akọ ya bụ Ibuanyịdanda akọ n'ọnụ. E fowe ifo e fonyeghị mbekwu, a mara na onye foro ifo amaghị efo ifo. Ma o nweghịkwa onye nwere ike ịkọwa ihe ọnụ jiri kpụrụ ire ma ọ bụghị naanị Eke kere ụwa.

Otu ụbọchị Ibuanyịdanda hụrụ otu nwa agadi nwaanyị ka ọ na-ekponye mpekere kalama wara awa n'ọwa mmiri ide wee sị ya, "Enyi m nwaanyị *dejeleke*, ọ bụ ihe m na-eme mgbe ara na-agba m. Ara agbagbukwala gị o!"

Ibuanyịdanda ọ na-ayidi ara?

O jirila egwu ya, pịanyụọ ọkụ ka chi na-ejiwanye na be Majie. O nwere ụdị chi ọ ga-abụ ofopụta ọ dịka sị jiri ụtalị pịaghachi ya azụ. Tata, n'agbanyeghị na chi na-ejizi eji, bụụrụ Majie ụdị ụbọchị ahụ. Ọ dị ya ka ya gwuo ala, lie onwe ya niihina onye ara abọgheela ya ike n'ama. Ụbọchị a chụturu ya n'ọkwa onye nkuzi

Ụlọụka dịka nwa *Cati*, ka o bidoro ebe ọ dara ada, wee buwe amụma, ka aguụ ghara ịkpọ mmadụ aha.

"Nke onye kwesi ya. Ngu onye ji akwa, akwalaghụla ya.

Kedu ka nke m ga-esi dị iche? Ọ dịkwa ka Ibuanyịdanda a bụ

ọ ma ụma ayị ara. Arụ emee! Mmiri amaa ehi n'anya!"

Ihe ndị a ka ọ na-eche, nke na ọ nụghị ka Maazị Ibeanụ na-agwa ya na ọ lawala. Iwe na-ewe ya ebelatala mgbe ọ matara na ọ bụghị ihe akụilu na-ada na ntị, ka ọ na-atọ n'ọnụ. Nke kacha mee ya obi ụtọ bụ na ọ gaghị anwụtara Ntapịrita Majie-Sileeti Njelịta Nwokoye ọkụkọ na mmanyaọkụ ọbụla maka *taas* ya. Kpọrọkpọtọ agbaala na nsi ehi!

Otu ahịrịokwu ọbụla Majie tapịrị, bụ otu ọkụkọ. Ọ tapịaara mmadụ ahịrịokwu atọ, ọkụkọ atọ; ọ gụchaa ma tapịaara mmadụ otu leta, onye ahụ ebutere ya otu nkata ọkụkọ. Nke a mere, ndị e ziteere akwụkwọozi, na-ariọ ya ka ọ gụpụtara ha naanị isiokwu e ji maka ya wee dee leta, ka ha were nwee ike kwụọ ya ụgwọ. Otu kalama nkwụike ga-adịkwa ya, ka *taas* were zuo ezu.

Ma kedu nke bụ na a tụọ mbụ, ọ daa n'ogwe, a tụọ abụọ, ọ daa n'ogwe; ọ bụzi sọ ogwe ka a pịịrị akụ? A tụọ ilu nkịrịnka nkata, onye yi nkịrịnka akwa elee onwe ya anya. Mgbe Achụama sara asịsa, ọ kpọtara Igwe aha. O nweghị Igwe ọzọ a ma ma ọ bụghị

25

Igwe Rufọs Nwekeabịa, Udu Mmụọ nke Mbụ na Mbụ nke Uduite. Ugbua Ibuanyịdanda arụkwala aka n'otu ebe ahụ. Ibe anyị, ọhịa a na-achụ nta na-arụ aka, agụ anọghị na ya, mgbada anọrọ ya. Ọhịa a bakwara bute ozu nza abụọ, ihe na-egbu nza bi n'ime ya!

Isi Nke Anọ

Igwe Rufọs Nwekeabịa, Udu Mmụọ nke Mbụ na Mbụ n'Uduite bụ oke mmadụ. Ọ bụkwa oke mmụọ site n'aha ọ na-aza. Ihe onye gụrụ onwe ya, ka ọ na-aza.

Igwe Igwebụike, nna Rufọs Nweke na Ọzọ Ọmekannaya, nna Ibuanyịdanda tokoro okorobịa. Ha chukọrọ mmiri ọnụ, kpakọọ nkụ ma chukọkwa nta ọnụ. Kemgbe mmemme iwa ọgọdọ ha, ha dịka nnu na mmanụ wee ruo ụnyaa; makana, a yicha ka a ha bụrụ ọgbọ, a yia ka a ha bụrụ ọgaranya. Igwe Igwebụike na ndị ọcha maara gboo gboo. Ọ bụkwazi ndị ọcha mere ya Nwadisi, ya onwe ya mee onwe ya *Onye kwụrụ ọtọ e butuo ya, sọ m bu eze ga-akwụ ọtọ n'ụwa a.* Ọ bụ mgbe ahụ ka ọ weere onye ọbụla ka mkpọmkpọ eju, ma Ọmekannaya, ya na ya dịka ejula na nkiriko ya. Ọzọ Ọmekannaya abụghị onye mmadụ dị ndụ ga-eleli, kama mmadụ eburu ọnụ ma jụ nri; makana onye e chiri ọzọ na-akari ji ntụwanye akari. Nke a mere na o jiiri nwayọọ kwanyere onwe ya ugwu, jiri ndụ ya mere ihe.

Oge naanị otu nwa ya nwoke nwụchara, nwunye ya atụghịkwa ime n'ime afọ isii na ụma, ụmụnna ghakọtara jụọ ya maọbụ nwanyị ka ya na ya bi n'ụlọ, ka ọ bụ nkụ. Ọ ghọtara ebe ha na-arụga aka; ma naanị ihe ọ na-asa ha bụ, *"Ihe anyị Chukwu."* Ma o wutere ya na Igwebuike ajụghị ya ase, nke ọ na-abịara ya ụlọakwa maka mberede dakwasara ya. A bịa n'ihe gbasara ọnwụ, a naedowe esemokwu n'akụkụ. Onye ga-asị mmadụ ndo asịghị ya, onye ihe mere adị ihu ka ntọọọ!

A gara jụọ ese ihe kpatara mmiri jiri wufuo, ọkụ waa, a sị na afa awaghị....

A tụrụ ilu sị na mbidewe ọgaranya abụghị uru, ọ bụrụ ọghọm. Na Igwebuike bụ Nwadisi bụrụkwa ọgaranya, ghọrọ Ọzọ Omekannaya ahịa kpam kpam. Lekwanụ be oke, lekwa be ọgịnị; ha na-agụkọbu ọkụ ọnụ tupu ọgaranya achapụ. Ọ bụkwaazị ndị ọcha lụọrọ Igwebuike nwaanyị. Mgbe ha jụrụ ya ihe ọ chọrọ ka ha meere ya, ọ rịọrọ ka ha lụọrọ ya ụbara nwunye. Mgboye, nwunye ya nke mbụ bu ụzọ mụtara ya otu nwa nwoke chara acha. Igwe Igwebuike bara ya *Nwekeabịa* niihina afa kwuru na ọ bụ nna nna ya bụ Egbe Nweke bịaghachiri ụwa azụ. Rufọs bụ aha otu n'ime ndị ọcha ahụ nyere nwa ya mgbe ọ bịara iletere ya nwa. Ụmụ nwunye ya ndị ọzọ mụtakwara ọtụtụ ụmụ, nke na ụmụ ụmụ ya kposa ka nsị ọbọgwụ.

N'otu ọnwa ahụ a mụrụ Rufọs ka Chi Okike zara Ọzọ Omekannaya na nwunye ya bụ Egodị ekpere. Onye iro nụ na a mụrụ nwa, o chee na a "nwụrụ." Chi na-enye nwa adịghị arahụ ụla. Ya mere o jiri kunye nwa ogbenye nwa ka o soro ọgaranya taa anya ehi. Nwata a ka a gụrụ Iheanyịchukwu, niihina o nweghị ihe nyịrị Chukwu omume. Nweke na Ifeanyị bụ ọgbọ dịka Igwebuike na Omekannaya. Ha dịka akị gbara mkpị nke na ha chere na ọ bụ

otu nne ji ha. Otu ụbọchị , nna Nweke kpọbatara ya na Obi ya were
nye ya ndụmọdụ. Ọ gwara ya sị,

> "Nwa m, o nweghị ihe jikọrọ ugo na Kparakwukwu.
> Ọ bụ eziokwu na ha abụọ bụcha nnụnụ, mana otu
> na-efe elu elu, nke ọzọ na-akpa n'ala. Ka m ghara
> ịhụkwa gị ọzọ ka gị na nwa nshịkọ ahụ a kpọrọ
> Ifeanyị na-akpakọ. Nwata ahụ anyịla mmadụ. Ana
> m akọ, nna ya kwanụ? Ihe egbe mụrụ aghaghị ibu
> ọkụkọ."

Họrọ ụmụ ụmụ chie ọzọ, họrọ ụmụ ụmụ gbuo ichi na-ebute
adịghị n'otu nke mụtara ọgbaghara. N'agbanyeghị na Nweke na-
ezopu ezopu, ya na enyi ya a na-achụkọ nta, na-ata ma ngwere;
Nweke abụghịzikwa Nweke ahụ Ifeanyịchukwu maara na mbụ. Ọ
gbanweela dịka ogwumagana, maọbụ ngwugwu ụkpaka ijiji febara
n'ime. Kwa ụbọchị ọ na-ahụwanye Ifeanyị Ka nwa nnụnụ nta, ya
onwe ya abụrụ nnụnụ ukwu nke ekwesighị ifekọ n'etiti ụmụ nza.
Ekwughị ekwu, nna ya chiri ya Ọzọ Ochinanwata nke pụtara nwata
kwọchaa aka, o soro ọgaranya rie nri. Ifeanyịchukwu asaghị eku,
nke ọ na-arọ nrọ ichi ọzọ.

Otu ụbọchị, otu ihe mere nke gbanworo ọtụtụ ihe. Ifeanyị
gbara ọnya atọ n'ebe dị icheiche n'ọmaagụ. Ọnya atọ ndị ahụ
magbutechara nnukwu anụ. Dịka ikpo ahịhịa si azụrụ ọkụkọ ụmụ,
otu ahụ ka ọhịa niile si azụ ogbenye nri na Uduite. Mgbe Ifeanyi
na-ala, o zutere otu onye ọcha n'ụzọ ka o si Ụlọikpe ala; onye nke
sụrụ asụsụ ọ maghị, kama a na-esi n'isi ahụ ama ụtọ nsị. Ka *"kili*

anu, kili anumolu, kili anumili" dakatara ya na ntị, o seere otu nchi, senye Mr. Spoon n'aka sị ya, emee *'kiligbuo m.'* Mr. Spoon demuriri ọchị, kelee n'olu be ha, gbaniri ịnyịnya igwe ya, fụrụ ịfụfụ rịrị zọpụ ije.

Onye jidekwa akwụ ya nye nwa nchi ka ọ taa makana nwa nchi anaghị arị elu.

Mgbe adịghị anya, Misita Supunu jụọrọ ese, chọrọ otu nwata bunyere ya anụ nchi mgbe gara aga bịa na nke Nwadiishi Igwe Igwebụike. A sị a gawa sị kaara eze, ọ lawa alawa, sị kakwaara eze. Igwebụike jiri aghụghọ wee jụpụta ya ihe ọ na-achọrọ nwata ahụ. Ka ọ matara na ọ chọrọ iziga ya ụlọakwụkwọ niihi ihe ọma nwata ahụ meere ya, ọ kpọpụtaara ya ụmụ ya ndị nwoke otu otu ka ọ mara nke ọ bụ ya ka ọ na-achọ. Ka ha iri atọ na atọ pụtachara, o nweghị nke nwere oyiri ma ya fọdụ ịma mma ka Ifeanyịchukwu; makana ọkwa sị na ọ bụ onye ya riri ji ya bụ di ji.

Ọ gwara ya na o nweghị nke ọ bụ n'ime ha. Ka ọ na-ekuli iburu ịnyịnya igwe ya laa, Igwebụike kuliri, kwe ya n'aka, jigide ya nwa oge ka ọ chefuru ihapụ ya aka . Echiche ya na-atụ ka ebilimmiri, makana ọ maara na o nweghị onye ọzọ ọ ga-abụ ma ọ bụghi Ifeanyị, makana nka nke ya kanyechara ya n'anya ka o ji ọgwụ achụ nta. Ọ gbara n'aka, wepụta ihe ha ka mkpụrụ ụtụ, hirie n'obe akaekpe ya fụọ ya n'ikuku. Ma ọ tụrụ ya n'anya, na n'aka o kwere ọbịa ya enweghị ihe o mere ya ma ncha. N'ezie, bekee bụ agbara! Ọ nwebeghị onye ọ kwere ụdị aka ahụ, ahapụghị ihe ọ na-ekwu kwuwe ọzọ. Ọtụtụ ndị na-akọ *akpauche* o kwere ụdị aka mmụọ ahụ, tụgharịrị hapụ ịkọ akpụ, kọwa *akpụkpa*. Ka ọ ka dịwa, ụbọchị nta ka a chụọ n'owere nchi.

Ugbua, sọ azụ onye ọcha ka a na-ahụtazi ebe dị anya, ka ọ dịka ọ bụ nwa ọkụkọ ọcha begooro n'elu osisi nta e gbujiri egbuji. Ebe niile deere jụụ; obere ikuku na-ekugharị nke n'ụdala kwụ n'etiti ngwuru ya dajuru ala niihina ọ chachaala. ụmụ nwunye ya na igwurube ụmụ ya niile abatabeghị ọrụ ugbo. Mgbe ha batara, ha ga-ada ụbụ ụdala. A na-aracha, mgba ụdala a na-ede ndị ọ ga-ede uli n'ahụ niile. Ọhịa daa jụụ ọ dịka enwe anọghị na ya. Mgbe ha batara, a mara n'obi eze nwere ebu, nwee mpụ.

Igwebụike chịrị ntamu, ka a na-achịrị ekpiri sọkwuru 'ụnyaa', 'ta' na 'echi,' ka ihe ọma ghara imere nwa ogbenye site n'aka nwa bekee.

Gaa ije ngagheri dịka eriri e kedoro nwa arịrị n'isi,

Ọchịchọ gị bụ efuluefu n'ime ọchịchịrị dịka nwa ụchịcha

Ọ ga-anyịrịrị gị ka amịrị nyịrị ọkụkọ na nwa ụchịcha

Ogwugwu buuru nta na imoroko bokwasa ha n'isi!

Mgbe o nwetara onwe ya, sazie anya, ọ hụrụ onyeozi na-amara obodo ọkwa ka o sekpu n'ihu ya.

"Eze I ga-adị ooo!"

Ọ maghị mgbe ọ bịara, nke ọ na-eche na ọ nụghị ihe ndị o kwugara; ọ kachasị mgbe o kwuru na kama Ifeanyị ga-aga akwụkwọ, waa anya ka ụmụ ya, ka akwụkwọ dagbuo ya na ụmụnna ya. Ọ jụrụ Arịgom ma ọ nwere ihe ọ nụrụ.

Arịgom kwukwara, "Eze ị ga-adị ndụ ruo mgbe ebighi ebi o."

Ọ sịrị ya, "Arịgom, kedu ihe m kwugara, kedu ndị ị nụrụ?"

Arịgom jiri mbe m saa ya sị,

> "A na m anụ nke e kwuru, ọ bụghị nke m kwuru? Ọ
> bụ kwa m kpara mpanaka n'otu aka m, m kwere
> ekwe kụọ ama agbaa n'otu isi m. Mụ kpara nkpara
> e ji akụ ekwe n'otu aka m, ekwuo m nke i gwara m
> gwa ọha obodo n'otu oge. Igwe, mụ nụ, ekwuo m, ọ
> dị m n'ọnụ, m kwueeee."

Igwe Igwebụike wee sị ya, "Ọ dị mma, nọdụ ala ka m cheere gị ọjị"

Arịgom kwachara akpịrị, gụghachi,

> "Arịgom e rie m ooo. Arịgom rigoro oke ọjị, kuru
> oke Ugo rituo! Igwe, bịa rie abụghịkwanu bịa rụọ;
> kama anọ m n'ihu ọrụ. Maazị Okoyedike, dike
> kụchara ekwe obodo were hanye m n'aka, m wee
> kụwa, sị m atala maọbụ ñụọ, ma m kpụrụ okwu
> obodo n'ọnụ. A na m agwa obodo maka Ọfala Igwe
> na-abịa n'izuụka asaa. Igwe m, ka m mee eje agha,
> makana m bụ *Oloringodo* apụghị igafe be eze,
> n'efeghị eze! Igwe Igwebụike ka ọ dịzienu ooo,

makana ihe nwa ọkụkọ bu mmiri achụ di ya oke mkpa!"

Igwe kuliri, demurie ọchị, bie ya aka n'azụ ka o sekpuuru, sị ya ka ọ dị ka o siri kwuo. Arịgom kụụrụ ekwe ya, *"gom gom gom"* wee pụọ n'ama ka anwụ jizi nwayọọ na-alakpu ụra.

Isi Nke Ise

Arịgom bu ọkụkọ ụzọ lakpuo ụra ụnyaa, ma ka oke ọkpa kwara n'ụtụtụ taa, ọ bụrụ na nwoke mmadụ agawala ihe. Ọrụ Maazi Arịnzechukwu Chiagboọgụ tinyere ya n'ọnọdụ okwu. Iji ụkwụ kpagharịa ụzọ nta, ụzọ ukwu, na ama niile dị n'obodo, na ịma ọkwa dị na ya abụghị egwu achị ụtaba n' aka agba. Ọ bụghị iso mmọnwụ bụ isi okwu, kama ọ bụ ike ọsọ a dịkwa gị, niihina ọtụtụ oge mmọnwụ ahụghị onye ọ chụrụ ọsọ, onye n'ime ndị na-eso ya o jidere, o were ụtarị see ya ụlaga n'ahụ.

N'ezie, dịka agwụ si ama ama, okwu mara Arịgom etu nwaanyị na-ete ogiri siri mara ijiji anya kpọrọ. Ihe ọbụla ọ hụrụ, ọ ga-ekwurịrị, nke ọbụla ọ nụrụ, o kwughị ya ma ahụ afọla ya. Ọ bụkwazị ọrụ ya riteere ya "Arịgom" dịka njirimara, nke sitere n'aha mbụ ya bụ 'Arizechukwu' egbubiri ọkara, bịa tinyere ya *'Gom'* ekwe ya na-ada! Arịgom alaa mmụọ! Ụzụ na mkpu akwa kpọtụrụ, ma o nweghị mkpọtụ nwere ike ịkpolite onye nwụrụ anwụ. Ma ọ bụrụ na ọ lụrụ nwunye, mụta ụmụ, mmadụ gaara ịnọ nso. E tiri okorobịa baa na nka, ọ bụru iberibe.

A gara jụọ ase ihe kpatara mmiri jiri manye ehi n'anya, a sị na afa awaghị. Ọ bụ na afa na-ahọzị mgbe ọ ga-ekwu na mgbe ọ gaghị ekwu? Ihe a kpatara ọtụtụ ndị jiri dachapụ n'ịgọ mụọ gawa ụka, niihina okenye gwuwe egwu n'ihu arụsị, ụmụaka ewere ụkwụ gbasaa okpensi.

Kaosiladị, ọñụ a ñụrụ mgbe a mụrụ nwa, iji sị ya nnọọ na ndụ n'agbenyeghị akwa ya, ka a na-añụkwazi n'ọnwụ ya, n'agbanyeghị akwa ndị mmadụ. Ya kpatara ọtụtụ ndị na ọtụtụ mmọnwụ si obodo dịgasị icheiche jiri gbaa. A na-esi, na-ahọtu, mmanya gbọfọọrọ dịka mmiri ozụzo. E lie mmadụ, e lie ọnụma na akwa. Ndị dị ndụ a na-agakwa n'ihu, chere ọnwụ nke ha.

Mmadụ pụtara 'mma ndụ'. Okike kere ụwa kere ya maka imejuputa akaraka ekerechi. Ya kpatara ọ dị ndụ, ọ bụ mma ndụ; ọ nwụọ anwụ, ọ bụrụ mma ọnwụ, ya bụ mmọnwụ. Mgbe Ichie Akụchie nọ ndụ, ọ nọkata o tie, "Kedụ ụbọchị m ga-anwụ wee ghọrọ mmọnwụ?" Ma ọ bụ naanị onye biri ezi ndụ na-aghọ mmọnwụ. N'obodo a, a naghị akwa maọbụ lie ajọ mmadụ; niihina e tinye ajọ mmadụ n'ala, ajọ mmụọ apụta.

Ka otu Ajịbusu zọpụrụ ije ka ọ nwere mmụọ ka ya ike na-achụ ya, zụbarịa, zụbarịa, ka mgbirimgba o yi n'ukwu na-akụ 'gba gam, gba gam, gba gam'

"Chee ka o me Arịgo mmọnwụ e eee,

Arịgo nnọọ na be mmọnwụ dee deei!"

Ndị mmadụ tuwere ya aha; ụfọdụ na-adụ azụ, niihina ọ nwere ike secharịa ha ogologo ụtarị o ji n'aka. Okorobịa nwụọ, ọtụtụ mmọnwụ dị n'okoro na-agba. Otu a ka ọ dị ma okenye nwụọ; mana mmọnwụ anaghị agba ebe nwaanyị nwụrụ, n'abụghị nwanyị katara ahụ, ma baa mmọnwụ. Mgbe Mgbeke Ojiefi nwụrụ afọ iri

na ise gara aga, ọtụtụ oke mmọnwụ gbara niihina nwaanyị a mere
ihe ka nwoke mgbe ọ nọ ndụ.

Ụmụokorobịa juru n'ama karachaa ahịhịa ndụ na ọmụ nkwụ
na-agụ,

Chọọ chọọ chọọ,....anyị achọọ ya, anyị ahụghị ya

Chọzuo ya n'ezi.... anyị achọọ ya anyị ahụghi ya!

Ọnwụ bụ onye ohi o, ọnwụ bu onye ohi ooo

O zuru ọ gbalaga...

Ọ dị n'omenaala na mmadụ nwụọ, na ndị ọgbọ ya ga-
achọgharị ya ebe niile iji mezuo iwu ka ọ ghara Ịbụ na ọ tọrọ atọ
otu ebe. Ọ bụ mgbe ụmụokorobịa na-awụgharị, na-achọgharị
Arịgom ka Mr. Spoon hụrụ Ifeanyịchukwu ka o dechara nzu na
uhie n'ahụ ya niile. Niihina ọ tụọla anya nwata ahụ ihe karịrị otu
ọnwa na ụma maọbụ karịa. Ma ka o si mata na ọ bụ ya dị ịtụnanya;
ọ bụlagodu ụfọdụ ndị obodo na-aka aka onye bụ onye. Ihe ọma
chọọ imere mmadụ, o nweghị ihe ọbụla pụrụ igbochi ya. Ọ sọ ya
elu na ala ọmajịjịjị malite, o nweghi ka akaraka mmadụ ga-esi
hichapụ. Ma ome mma na-emere onwe ya, ome njọ na-
emekwaranụ onwe ya!

Ọ kwụsịrị, tụọ ya aka, sị ya "*kọm hia.*"

Ndị ọzọ gbara ọsọ, makana nwa bekee ịkpọ mmadụ oku na ihe
so; mana onye a na-akpọ maara na ọ nwere ihe jikọrọ enwe na

ọhịa. Ka o siri mee akara oge o kwuru okwu, gosiri na a na-akpọ ya, ọbụlagodu site n'okwu ikpeazụ 'hia' nke ya na 'bịa' dakọrọ otu ụda.

Ifeanyịchukwu bịara, ha abụọ akwụrụ na-agba onwe ha nkiri. Onye ọcha kwere n'isi, kwuo sị,

"You School. Ok?"

Ifeanyị chiri ọchị fee n'isi sị ya, "Mba, anụ ahụ abụghị oke, ọ bụ oke nchi."

Onye ọcha jụrụ ya, "Ichey?"

"Eeee, ọ bụ nchi ka m nyere gị."

"Won't you like to go to school?"

Ifeanyị demuriri ọchị, takwurie sị, "Ọ sị na ọ bụ ntụ ka m jiri gbuo ya n'isi. Ọ kwa mkpakala"

Onye ọcha tiri, "kan can cara?"

"Eee, mkpakala!"

Ọ tụrụ ọtụtụ nọ ebe ahụ n'anyị ka Ifeanyị siri kwụrụ n'ihu onye ọcha, na-atapịa bekee ka ngwe si egwe ọka mkpọ. O teghị aka, akụkọ gbasaa ka ọkụ na-agba n'agụ na Ifeanyị na-asụzi bekee.

Ugbua, mmadụ olenaole gbakọtara ebe ahụ. A na-ekiri agụ, a na-ekiri onye gburu ya. Okpoko, enyi Ifeanyị chinyere aka abụọ n'abụ, chiri anya chinye Ifeanyị n'ọnụ. O kweghị ya aghọta na

onye ya na ya bidoro ịchụ oke na-achuzi mgbada! Ihe ha na-eche
bụ keduzi mgbe ya bụ nwa nnụnụ kara nku, kaa ọnụ. Mana ọ bụ ka
onye si eme, ka ekwe si akpọ ya. Ime ọgọ amaka, makana ọgọ
mmadụ meere onye ọzọ, kwụ eche ya mmaji kwuru mmaji n'ụzọ
ọzọ ọ maghị. Ka a na-ekwu, Maazị Nzewuru pụtara, ọnwụ wee
gbuo ka a tụrụ aka. Ọ bụ Maazị Nzewuru Ọkụdaibube nọchiri anya
Maazị Njelịta, onye ji aka ya chie onwe ya *Majiesileti*. Dịka Onye
Nkuziụka, nke a kpọrọ *Catechist* na Bekee, ọ mụtara ụfọdụ okwu
na ahịrịokwu bekee. Mgbe ụfọdụ, oge ọ malitechara akwụkwọ
ọhụrụ, ọ mụta otu taa, ọ echefuo abụọ echi. E nwere ụbọchị ọ
kpara bekee ọchị mgbe ha mere *a kpọọ a supee* n'ụlọakwụkwọ. A
juru ya kwuo ihe bụ "school" ma supekwa ya n'olu Igbo; ọ zatara
ya, kama na ọ bụzi na nsupee ka ihe dị n'ime ụlọ pụwara ezi. O
supere ya etu a,

   "Aaa kwị kwọ Kwịị kwọọ Kwịịị kwọọọ, *a-kwụ-kwọ!*"

Ozigbo ụlọakwụkwọ etibie abụọ. Ndị a na ndị a! "Ozuola,
ozuola," onye nkuzi na-eti mgbe o kwofere oke dara n'aja nkiti.
Maazị Ntụoyi Okigbo kpọchapụrụ ụtaba makpu na mbọ isi aka ya
tie, "E wuuu, Nzewurọkụ nwanne m, ị ma akwụkwọ *Ingulishi!*"

Ntụoyi ha ndị akwụkwọ! Ọ sị na mmadụ ịhapụ be ya bịa
akwụkwọ ejighị ụtaba na ọjị, dịka otenkwụ ichefu ete ya n'ụlọ
gawa na be mmanya n'ọgbọ ngwọ. N'ezie, Nzewuru maara
akwụkwọ; ọchị a chịrị ya ụbọchị ahụ mere ya obi sie ya ike. Ọ

malite na-abịa akwụkwọ n'oge, na-egesi ntị ike, ma na-ajụkwazị ajụjụ ebe ọ gbagwojuru ya anya, niihina onye ajụjụ anaghị efu ụzọ. Ndị otu Okigbọ bụ ndị, *"Eeee, anyị ghọtara nke chara acha,"* ma onye nkuzi jụọ "Unu aghọtara ya?"

A jụzie ya kedu ihe ọ ghọtara, ọ jụọ, "Kedu ihe e kwuru chara acha?" Ngafeta Maazị Nzewuru gafetara mịrị mmịmị. Ọ rụrụ ọrụ ebe Mr. Spoon na Ifeanyị nọ, dịka ọrụ ite na-arụ n'etiti ji na ọkụ ka aguụ wee dajụnata.

Isi Nke Isii

Okigbo na-atụkeri ọjị mgbe Ifeanyịchukwu batara n'okpuru nnukwu osisi e ji mere ụlọakwụkwọ. Maazị Ụwalaka na-ata nke o nyere ya nwayọọ nwayọọ ka ọ bụ umeju enyi ka ọ kpụ n'ọnụ. O hulatara isi, takwịịrị Okigbo sị ya; aru emee!

"Akwụkwọ a abaala na *Klaasị* asịrị ụmụaka!"

Okigbo tụgharịrị isi obere wee tabiri ọjị, fee n'isi. O wutere ya ịhụ nwata n'etiti ha maka egwu ụriom ọkụkọ na-akpata aka akpana akpana. Ka ọ na-atamu, onyenkuzi na-akuzi ihe oge ahụ kpọrọ ya aha. Ọ kụjara, leghariạ anya, zaa

"Azaa m oku mmadụ, ọ bụghị oku mmụọ!"

Onye ọbụla kwachapụrụ ọchị, ọ kachasị Ụwalaka onye ọnụọgụ mkpụrụeze ya ezughịzikwa ezu. N'ezie, ịlụ ọgụ adịghị mma. Onyenkuzi tiri,

" *Absent...minded!* "

Ozigbo Maazị Ụwa kwụụrụ ọtọ sị.

"*Esuuzu mi nwaticha*, ọ bụghị abụzụ ntị amịrị amị, ka enyi m nwoke Okigbo na-ata. Uru a dị n'isi abụzụ mmadụ ga-eji atakwo eze ita ntị ya; eee, ajụọ m gị? Ọ bụ ọjị anyị gọchapụrụ ka ọ na-ata; n'eziokwu m nille. *Tanku yuu!*"

ỌGAZỊ AMAKA

Aka kụwara niihina Maazị Ụwa bụkwazị otu n'ime ndị ji bekee awa okwu agba. Ọkpọ ha ndị azụ! Onyenkuzi feere ya aka ka ọ nọdụ ala. Ọ nọdụrụ ala n'elu mkpọrọgwụ osisi ọjị ahụ gbakeliri agbakeli. Ọ kpọlitere Maazị Okigbo ka ọ gụọ ihe o dere na *ugbọojii*. Okigbo leliri anya elu ka ọkụkọ ñụrụ mmiri, letuo. Lelikwa ka onye hụrụ ọhụ, letukwa. Ọ riọrọ onyenkuzi ka o nyetụ ya ohere ịkpọ ụtaba, makana ihe nille e dere na-agba ya mkpị abụọ n'anya. Ọ nọdụrụ ala n'echeghị ka onyenkuzi kwuo, chịkọta ọgọdọ ịwarịwacha ya na ngada, were isi aka kụọ n'isi mkpọ ụtaba ya ugboro atọ, tupu o bido manyewe ụtaba n'imi anwụrụ ya! Onyenkuzi leghaara ya anya, niihina ọ bụghị ịbịa akwụkwọ bụ isiokwu, ọ bụ akwụkwọ iso onye bịakwutere ya ala. Okigbo so na ndị dutere ndị ọzọ akwụkwọ, ma ọ laruo n'ụlọ, ọ gaghị ekwe ụmụnna ya nụ ihe niihina ọ gụrụ akwụkwọ. Ọ sụọ *dọnbịsịlịm* ọ jughị ya afọ, ọ sụọrọ ha *dominisi bobiscuum*. A na-akụrụ ya aka.

Ha gụrụ abịdịị:

a	b	ch	d	e	f
g	gb	gh	gw	h	i
ị	j	k	kp	kw	l
m	n	ñ	nw	ny	o
ọ	p	r	s	sh	t
u	ụ	v	w	y	z

Ka ha na-agụ, Maazị Ụwalaka chịịrị aka ya abụọ wụkwasa n'obi ya, na-ekwe, "A-gbịị-m-o, a-gbịị-m-o...." nke na ọ maghị mgbe ndị ọzọ mechiri ọnụ. Mgbe ọ chọpụtara ihe merenụ, ọ tagheriri ọnụ, dakpuo ka nnanwuruede. Ma ọ teela Agbọmma gwara Ụwalaka ka ọ hapụ ya aka. Ma ọ ñụrụ iyi na kama ọ ga-ahapụ Agbọmma aka, ọ zawaa *Elulaka* nke o kwuru na ọ kweghị omume.

Ọ dịghị njọ mmadụ ịtụkwasa obi na nnukwu ihe, niihina, a naghị aha ọbere aha ma mmadụ buru ụzọ hara oke. Kaosiladị, ọ dịkwa oke mkpa mmadụ ikowe akpa ya ebe aka ya ruru. Ụwalaka ịrọ nrọ Agbọmma, dịka ejula ichekwuwe iwu elu otu ụbọchị ka nwa awọ. Hoo haa!

Nna Agbọmma chọrọ ka Agbọmma nwa ya lụọ dọkịnta

Maazị Ụwalaka amaghị tụgbịm, nke ọ na-abụ kapịnta

Aka ejighị ya, ụkwụ ejighị ya, ma o nweghị nke o ji aka

Akariogeri imi ụtaba, ịnụtụla na enwe gara ịlụ adaka?

Ọ ka na-atụ ọtụtụ ndị mmadụ n'anya na Nnatụanya, nna Agbọmma zigara ya akwụkwọ. Kedu uru ọ bara iziga nwaanyị akwụkwọ? Ọ ga-adị ka mmadụ ịkwọcha aka tiere ọkụkọ akị; onye jisie ike zụchaa, onye ọzọ abịa lụrụ. Ọ gaghịzikwa aza aha nna ya, o buru nturugo niile ahụ lakwuru di ya. Kedu ụdị akụkọ bụ nke a? Ọ dịka Okeke na Okafọ e nyere otu mpekere anụ mkpọ, Okafọ buuru ụzọ hara ka ya taa ataa, ka Okeke loo elo. O kwa nke onye tara ata tafọrọ, ka onye ga-elo elo ga-elo; ka e ji gbamgbam kụchie ya akpịrị? Ịnụkwa m akụkọ! Ịzụ nwaanyị n'ụlọakwụkwọ dịka mmadụ ikwere ibu Okeke n'enweghị ihe ọ ketara! Nke a kpatara na ụmụnwaanyị anaghị aga akwụkwọ, niihina e jighị a kpata a tufuo aba ọgaranya.

Akọ bụ aku. Nnatụanya nwere akọ, nwekwaazị uche. Ọ maara na nwaanyị bụ ihe. Ọ sara ha na onye zụtara otu nwaanyị n'ụlọakwụkwọ, azụtala otu mba. Nke ka njọ bụ na ụmụnwoke e chere na ha ga-agụ akwụkwọ abaala n'ihe nkịta kwuru sị na, "ndị nwere íkè amaghị anọ ala." Ụfọdụ ka a na-achụgharị ebe ha na-achụ nta n'ọhịa, ụfọdụ a na-achụgharị ego n'ahịa ka a mụkọrọ ha na ego; ndị nkuzi ndonu! Ka Ụwalaka abụghị nwata akwụkwọ? Okigbo o sokwu na ndị akwụkwọ? *Mbe agawa, aja mbene!*

Ifeanyịchukwu malitere akwụkwọ taa, gosiri afọ o kwesiri na mmadụ ga-agụ akwụkwọ, niihina ụbụrụ nwere mgbe ọ ga-eru, ọ kpọchie. Ibido akwụkwọ n'oge amaka niihina etiti isi karụọ, a na-etizi igwe n'achaghị acha. Ọ bụkwa mmadụ ka a na-agụ abịdịị, ọ na-akpọ Agbọmma *A-gbii-m-ọ?* A gbasaa akwụkwọ, ọ chịrị aka mgba chere Ifeanyị. Okigbo jụrụ Ifeanyị ma ọ na-efu ụzọ. Ụwalaka jụrụ ya ma ọ hụrụ ọgbọ ya ebe ahụ. Nke ka ekpo ha ka ose bụ na oge ahụ Maazi Okigbo nọdụrụ ala ka ọ kpọọ ụtaba, Onyenkuzi riọrọ ka onye ọbụla nwere ike ịgụpụta abịdịị gụọ ya.

Ifeanyịchukwu kwụọrọ ọtọ, gụchapụ ya ka mmiri a tasara n'aja ugwugwu. Ọzọ dịka ibe ya bụ na, aka ha kụọrọ nwata a na-agba ha ka agbara n'ahụ.

"Chaii, maka nwata a ka m jiri kufuchaa ukuru ọma ụtaba ka dị m n'aka. Ọ bụru na m emeghị nwata a ihe, ọ mara na ọ bụghị m bụ Ụwalaka!"

Okigbo jiwere ya ka agaba a na-eke ụdọ n'ukwu. "Nwayọọ, nwayọọ.... mmadụ ewere egbentụ gbagbuo danda."

"Hapụ m ka m mee nwata a ihe. E kwuru m na akwụkwọ a abaala na *Klaasị* asịrị ụmụaka...."

Ifeanyị gbachiprụrụ ha nkịtị, na-agakwa aga. Ọ naghị esi ike, a sị na mmadụ e mee nke a, maọbụ nke ọzọ.

Isi Nke Asaa

Mbekwu ka a na-akwado asọmpi ịgba ọsọ, ọ sị na ọ ga-azọgburịrị ele dị ime. Ka ọsọ tasuru, enyi zọhiere ụkwụ, wee zọgbuo ele dị ime. Ọha obodo jidere mbe maka ọchụ o kwuru na ọ ga-egbu; nke mere dịka o siri kwu. N'ezie, okwu dị ime, na-enwe ụkwụ, ma na-aga ije.

Ikwu na ara pukwutere Ifeanyịchukwuru ọrịrị enweghị nkọwa ọzọ, ma ọ bụghị na Maazị Ụwalaka maara isi ya. Ndị anụghị mgbe o kwuru na ọ ga-emerịrị nwata ahụ ihe, na-ekwu na, "A sị na o kwuru." Ụwalaka amaghị ihe ọ ga-ekwuzi. O ji amadiọha ñụọ iyi, jirikwa ogwugwu mere onye akaebe, ma o nweghị onye gere ya ntị.

Ọ sị na Chukwu maara na aka ya dị ọcha

Obodo sị ya na ndị mmadụ ga-amarịrị

Niihina ọ bụ mmadụ na-enye arụsị aja

Ezemmụọ maara ebe ọnụ ụmụmmụọ dị

Otu a ka ọsọ ọchụ siri chufuo Maazị Ụwalaka na Uduite . Dịka ọnwụ si eme onye o gburu, Ụwalaka agaghị ahụkwa Agbịị *ya,*

45

*on*ye nke na-echu ya ụra, n'agbanyeghị na ọ bụụrụ ya ọ nọ nso eru aka. Ma n'ezie, ọtụtụ nsogbu dị n'elu ụwa taa sitere n'okwu ndị ahụ a maghị were kwuo, maọbụ ndị a maghị wee saa. Okwu abụghị ihe a na-anọkata ghewe ọnụ wee kwuo. Ọtụtụ okwu na-esi isi ka nkakwụ, maọbụ jọgbuo udele na njọ. Okwu bụ nka. A na-eche echiche were ekwu okwu. E kwuo okwu, a hụ obi mmadụ anya. Onye amaghị ekwu, leruo ndị maara ekwu anya n'ọnụ; onye o kweghị ekwu dịka onye ogbi, were aka gozipụta akparamaagwa obi ya. A mara kwuo, a sị na ọ dị ile.

Obodo gara ka afa kwuo ihe mere ede jiri bee nwịị, ma afa awaghị. Mgbe ahụ ka Uduite matara na aka akparala ududo mmọnwụ jiri beghee ọnụ. Kedu nke bụ na afa na-ahọrọzi ụbọchị ahịa ọ ga-awa ma ihe dị mkpa dapụta? Ụmụnna Ifeanyị zigaara ezemmụọ ozi sị na afa ga-agwarịrị ha okwu; maọbụ egwu ọbụla ha kụọrọ ya, ọ gbaa. A tụkata eze egwu, e kpuru nkata n'isi gwa ya okwu. Ọ bụrụ na ikenga adịghịzi ile a waa ya nkụ.

N'abalị gaara ifoputa ụbọchị ha kara aka ịbịa, ka ọnwụ zuchara ezemụọ ka udele si erichapụ ozu nwa uriọm ọkụkọ. Ọnwụ bụ onye ohi, mana onye ụjọ na-anwụ ọtụtụ oge tupu oge ọnwụ ya eruo. Ma awọ nọ n'ime mmiri, dị njikere ịmeghe ọnụ ya, ya dịkwa njikere iñụju mmiri afọ. Ebe ezemụọ jikeere igba ihe nzuzo ikwiikwii na anwụ niihi egwu ụmụnna Ifeanyị, ihe riri ụtara, bịara rachakwuo ofe. N'ezie, obodo nwere ike ituwa mụọ ime, nwere ike itụrụ chi ya ọgụ mgbe ọbụla.

Ma ọ dị ntị njọ mmadụ ifecha ka egbe, bia daa ka udele. Ezemmụọ Udelejioji dị na mbụ bụrụ ajọ anụ; biazịa nwụọ ajọ ọnwụ nke na mmadụ ịga zọsa ụmụ mụọ ozu ya, dịka mmadụ ikwere ka onye ọzọ makwụnye ya ụdọ n'olu. Ma ọ bụrụ na ozu na-ekwu okwu, a kara ịmata ihe gburu ya, maọbụ ihe mere Ifeanyịchukwu, o jiri kopu. Ezemmụọ ekwughị, afa ekwuo site n'ọnụ ezemmụọ, niihina oke mmadụ bụ oke arusi. Mana igbirigbi ọnụ ya atụhiekọchaala ka oke ebule abụọ e kekọrọ ọnụ n'otu ukwu osisi.

Ajụjụ onye ọbula na-ajụzị bu, *"gịnị mere nwalịga?"*

Ifeanyịchukwu ụbụrụ ya na-aghọ nkọ ka mmaobejiri e soro n'elu okwute nwere eze, bụzi onye ara. Ma ya bụ ngwugwu ahụ a maghị onye kechiri, na-atọghe mana a maghị onye na-atọghe ya. Otu ahụ ka Ifeanyị siri gụchaa akwụkwọ, na-akpagharizi n'obodo, a na-akpọ ya Ibuanyịdanda. Ọ kwakọchaa ngwongwo, ọ dịka ọkpụkọnsị gara ụta nsị n'obodo ndị *kama ọ ga-adọ n'ite, ka ọ dọrọ n'afọ.* Ụmụaka na-agụrụ ya, *"Gbam gbam korodi, ịgbamgbagbam korodi,"* ọ gbado aka n'ukwu na-agba. Ọ gbachaa nke ahụ, ha gụwakwara ya, *"E buru gaa, e buru laa…"* Ọ na-eje, na-ala, ọ gakọchaa, ọ gaa na Obi Igwe kwasa ụfọdụ ngwongwo ya. Tupu ọ laa, ọ dapụtara ya, ọ kụọ ma gbaa, *"Ajakaradingwom, ụjakara ajakaradingwom,"* nke bụ na o nweghị onye ụra ga-aba n'anya ma ike agwụghị ya. Echi ya ọ bịa buru ngwongwo ya, maọbụ ọ kwasakwuo ọzọ site na nke ọ hapụrụ na mbụ. A chụọ ya n'azụụlọ, ọ gaa n'ihu ụlọ; ịkpatụ ya aka, Ị hụ ihe bụ na ara ka mma n'okorobịa! Ọ bụrula Odudu besara otu nwoke n'akpa amụ, a kụọ ya ka a kugbuo ya, njinji ejie, a kụsighịkwanụ ya ike, ọ felaga.

Ụbọchị Igwe nyere iwu ka a kụọ ya mgbajara, ka ọ jụrụ Igwe ihe mere Arịgom. Ọ nweghị onye jụrụla ya ụdị ajụjụ a na mbụ, ma mmadụ ma mmụọ. Ozigbo, uche Igwe Igwubụike gbaga na ka o siri chịrị ntamu, ka a na-achịrị ekpiri sọkwuru 'ụnyaa', 'taa' na 'echi,' ka ihe ọma ghara imere nwa ogbenye site n'aka nwa bekee; ya na ka Arịgom siri buru ọkụkọ ụzọ lakpuo ụra, ma o teteghịzikwa ọzọ:

" *Gaa ije ngagheri dịka eriri e kedoro nwa arịrị n'isi,*

Ọchịchọ gị bụ efuluefu n'ime ọchịchịrị dịka nwa ụchịcha

Ọ ga-anyịrịrị gị ka amịrị nyịrị ọkụkọ na nwa ụchịcha

ỌGAZỊ AMAKA

Ogwugwu buuru nta na imoroko bokwasa ha n'isi!"

Ifeanyị agawagonụ. Mmụọnwụ na-agba egwu n'ama nwere ndị ọ na-agbara. Ogwugwu e burugonụ nta, buru *imiriko* bokwasa ha. 'Ha'a bụ aha otu onye? Otu aka rụta mmanụ, o zuo ọha ọnụ. Onye na-arụ onye ọzọ otu mkpụrụ aka, mkpụrụ aka ya atọ, a na-arụ ya, isi aka ya a na-akpọku eluigwe ka ọ gbaa akaebe n'etiti ha. Ewu *nda* ataala ọkwụrụ *nda*. Ma Ụwalaka ewerela isi ya buru ụkpa ọ maghị ihe dị n'ime ya. Nkịta richaa nsi, eze eree ewu. E wuu, Ụwalaka ndo!

Ibuanyịdanda gbaara *"Mgbam gbam koro di"*gafete be Igwe ebe ọ na-anabata ndị ọbịa puru iche n'Obi ya. Ihe a bụ ihe ọ riọrọ ndị Ichie ka ọ ghara ime ka ọ na-agọ ọjị n'ụtụtụ, na-atasa ha mmanya n'isi. Ọ nyekwara ndị nche ya iwu ka ha malite n'ukwu akpụ kwụ n'ama wee chebiri Ibuanyịdanda, ndị nke ọzọ adị njikere niihina o nwere ike isi azụ ụlọ bata. Keduzi ka o siri bata mgbe ugo na-achọzi ibe na mgbagbu?

Ọkụkọ agbasaa okpesị!

Ndị bịara ịhụ Igwe Igwebụike bụ ndị chọrọ ịzụ ala nke otu nwa bekee so ha. Ego a na-akpọ aha bụ agụkata, agba awọ; makana Igwe di nkwadowe ire Uduite ma ego baa ya akpa. Nwa bekee na-achọ ibinye aka n'akwụkwọ mgbe Ibuanyị dabatara ka achịkwụ na-efu ụzọ. Ọ sịrị:

"White man, kedu ka imere today?

49

Gị na His Highness Igwe aka na-atọ?

Ndị be unu a makwa na ị mịpụta taa?

Mụ mịrị double barrel gbaa gị kpọọ!

I ka ga-agbanwu gbamgbam korodi?"

ka ọ na-atụpụ ụkwụ egwu dịka o siri foputara ya, ka onye ọcha na-ama ogige ele anya n'azu. Ndị ha na ya so, pụkwara ije ọsọ ka ụmụ ọkụkọ egbe buru nne ha. Ndị zuru ndị na-agba ọsọ n'ụzọ, riri *mbọmbọ* nke bụ na ndị nọ n'ime ụlọ gbapụtara agbapụta, ka ndị nọ n'ezi na-agbaba agbaba. Ọ nweghi onye ma onye na-achụ ọsọ, na ndị ọ na-achụ; nke ọ na-enwe onye ma ihe na-achụ maọbụ ihe kpasuru ọsọ ha na-agba. Oke n'ọhia, ngwere n'ụzọ.

Ibuanyịdanda nọ na-agbaghari, na-ada ịya ka mbara Obi Igwe ha. Ọ maghị onye nwụrụ ụzụ akwa ya na-atụ. Ma n'ezie, onye amaghị Ibuanyịdanda na mbụ zu ya n'ụzọ na mberede, obi efepughị ya, ụkwụ akpọọ ya. Ọ dị nọọ ka ọke mmụọ kwesịrị ịdị. Ka ihe ndị a na-eme, Igwe kwụọrọ ọtọ, kpọnwụọ. Ọsụsọọ mberede si ya n'isi na-awụsịsị ka mmiri ozuzo. Amịrị ọkụ nyekwara aka, ka *nnyaanya dakwuru nnanwuruede o wee bụrụ nyikịripụtụ.* Ewu ataa Igwe igu n'isi, tachaa ma kpụọ ya akpụọọ. Ụfọdụ ụmụ nwunye ya gbatara ọsọ, jikwa ọsọ gbaghachi azụ. Ụfọdụ si azụụlọ ozigbo ahụ laa niihina onye hụ ihe ọ hụbeghị, o kwuo maọbụ mee ihe o metụbeghị. Ọnọdụ Igwe Igwebuike dịka a sị, *"na akịka tara mkpọ, na mkpọ, mawara ụkwa, na ụkwa dagburu nwalịga!"*

O jidere aka n'obi ya, were nwayọọ daa ka ọkụkọ ogbunamkpọ pịaturu wee nwụọ. Oke osisi daa, ụmụ nnụnụ etinyesia isi n'ọhịa.

Isi Nke Asato

Onye chọrọ ịma ụdị ọrịa nwaenwe rịara wee nwụ, gaa lee atanị fụọrọ ya ọkụ mgbe ọ nọ n'akwa ọrịa anya na mkpụrụ anya. Ma onye gburu nwa dibịa na-agwọrọ ya ọgwụ, ndị na-efe ya nsị agwụchaala? Onye gafee ogwe, sị ogwe gbajie, ọ gaghị ala ebe o si bịa? Ọ ga-atọ n'ụzọ niihina ebe mmadụ si bịa ụwa, ka o si ala.

Ezemmụọ Udelejiọjị anwụọlarị. O nwekwaghị ezigbo dibịa ọzọ kara aka nọ n'obodo a ga-agbakwuru, ma ọ bụghị naanị ịgakwuru Pastor Sanctus Nsọdịnobi Onyemauche, onye nke na-ahụ n'ihe, na-ahụ na nzuzo. O nweghị onye maara ebe ike ya si; a nọkatara ọ zọniri ka ero mewe ire, a sị na Mmụọ Nsọ jizi ya arụ ọrụ. Ọ na-eti iwu, na-ekpe, na-akagbu maọbụ na-ekpokọ. Ọ na-eme ka ya na Chukwu a na-egbunyekọ n'otu akpa. Ọ na-etichakwuru 'Mmụọ Nsọ' iwu, na-agụrụ ya egwu dịka egwu mmọnwụ. Ọ bịa o:

"Ngwa, Mmụọ Nsọ kpekemkperi, pekem: otu, abụọ, atọ. Kulie, kpekemkwem ikwe!"

kulie gaa ebe e? Ya kulie, gaa were ọkụ repịachaa ha! Ha bụ ndị ole? Bikonụ, onye jụta isi nkịta, o ga-eji agba ya mee gịnị?

Ma ọtụtụ ndị mmadụ sowere ya kamgbe amaghịzikwa ka afa si aga. Arụsị hapụ ịsị na arụ mere ma mmadụ mee arụ, onye ọ sọkwara ya bụrụ, a mara na o sila na arụsị pụọ, banye n' ọrụsị. Ka

Maazị Arịnzechukwu nwụchara, arụsị Nnyịkịrịpụtụ emeghị mkpọtụ, dịka ọ bụ nwa ariri nwụrụ. Ọzọemela anwụọ, a sị, *"ọzọ emezikwala"* ma agwaghị obodo ka mmiri siri manye ehi n'anya. Ọkụ gbara mbekwu nwalịga, bakwute ọkụkọ bu so ugbele, o nweghị ihe ga-afọ. Ọnwụ egbukwuola Maazị Udelejịọjị, Obodo wee dere jụụ! A bịa n'aka nke ọzọ, Ifeanyịchukwu na-akawanye njọ, nke bụ na ọ gbara n'egwu ọhụrụ ọ gụrụ sị,

> *"Ara na-ayị m, a na m ayị ara, m na ara na-ayị, m na ara yị, anyị na-ayịrịrịrịrị ara!"*

N'ihe ndị a niile dị egwu merenụ, afa awaghị, nke Igwe na-achị obodo mere ihe o kwesịrị ime dịka nna ọfọ ji ọfọ ọchịchị. Ma ugbua, ọ na-adị mma a hụta ọkpụkpụ ewu be agụ, ahụkwanụ ọkpụkpụ agụ na be ewu. Ụwa na-eme ntụgharị. Onye rijuru afọ taa, cheta ndị agụụ gụrụ ụnyaa niihina o nwekwara ike ịkwụ ọnụ agụụ echi. Otu onye nche Obi Igwe, ji ọsọ na ije gbata n'ụlọụka Pastor Sanctus Nsọdịnobi Onyemauche, daa n'ụkwụ ya na-eku ka onye nkịta ara chụrụ ọsọ. Ozigbo, okwu *amụma ntabire* na-adapụta ya n'ọnụ ka ebe oke ehi na-anyụ otoro. Ọ marala ihe merenụ sitena mmụọ. N'otu ntabianya, ọ chịịrị akụrụngwa ọrụ ya, tie mkpu n'oke olu, *"Igwe amortui nwụrụ kamgbe!"* tupu ọ zọpụ njem. Ụdị asụsụ a na-agbagwoju ndị ụka anya, dịka ahụ a nọrọ n'elu nkwụ were nyụ si agbagwoju ijiji anya. N'otu aka ahụ, onye nche ahụ sokwa ya n'azụ ka nwa atụrụ na-achọ nne ya n'etiti igwe atụrụ na-akpa nri.

Ọ na-abụ oke ihe mee, oke ụzụ atụọ. Obodo niile nọ n'ọgbaaghara, akụkọ na-arị ibe ya elu. Ma ndị nọ mgbe ihe mere, ma ndị mewere akụkọ n'ihe ha amaghị mgbe o mere; ma ndị na-ekwu dịka akụkọ siri kọọ, ma ndị na-ekwu ihe niile ha nụchatara, juru n'obodo na-ekwogharị. Otu onye kwuru na a sị na egbe feturu bịa buchara Igwe okpu n'isi fepụ. Onye ọzọ sị, na ọ nọ o wee mee ka otu agbara isi na-acha ntụntụ amaghị ebe o siri pụta, kere Igwe ọkpọ n'isi, si n'azụụlọ maa ogige laa.

Ozigbo Pastor Sanctus na ndị ekpere ya batara bido buwe agha, Ibuanyịdanda sonyere ha na-akụ aka, na-agba egwu niihina ọ ka nọrịị ebe ahụ. Ka o si eme, mmadụ ga-eche na o so na ndị isi ha. Nwada Azụka bụ onye na-agụpụtara ha egwu. Ọ bụ Pastor a maara ya amụma na Uche, nwa Ọzọemela na Ugoude ga-anụrịrị ya. Ọ ka nwekwara olileanya na okwu amụma a ga-emezurịrị n'isi ya, n'agbanyeghị na Uchechukwu alụọla nwaanyị, mụta ụmụ abụọ.

Nsogbu malitere mgbe Ibuanyị gwara ha ka ha gbanwoo egwu, ma o nweghị onye gere ya ntị. Ụtọ egwu bụ onye na-agbaghị n'ụkwụ, o kwee n'isi. E kweta nke a, e kweta nke ọzọ, onye amaghị agba agba, o wuliwe elu. Ọ bịara nso, metu Azụka aka sị ya,

"Sista, gụta ukwe nke ndị ime eligwe,"

Kama Azụka ga-eme ihe ọ rịọrọ ya, o tiri mkpu sị,

"Tụfịa! Onye ara, holigoosu fayaaaaa, holigoooosu

fayaaaaaa!"

Ma Pastor ma ndị ọzọ tụgharịrị, na-agba Ibuanyị ụchụ, na a sịkwa, *"holigoosu fayaaaaaa!!!"*

Ibuanyịdanda gbara ha nkịtị, bidoro onwe ya egwu na-agụ:

Praiseee da lodu, a sị m unu

Pre...pre..pre...za da lodunu!

Azụka amala mma alụ alụ

Azụka amala mma alụ alụ

Should in case a chọwa onye ga-alụ ya

I am sorry, aka m adịghị ya

Ọgazị amaka ma e jighị ya agọ mmụọ

I am sorry, aka m adịghị ya

Ọ bụghị akwụkwọ ka ị gụrụ, nke ị na-arụ ọrụ

I am sorry, aka m adịghị ya

Holigoosu fayaaa e si be ya aga be onye?

I am sorry, aka m adịghị ya

Ibuanyịdanda amaghị onye nwụrụnụ ụzụ akwa ya na-akpọtụ. Na *Igwe amortui nwụrụ kemgbe,* pụtara na o teela aka Igwe ruru ala mmụọ. Pastor Sanctus so na mkpụrụ mmadụ olenaole ndị Ụka Fada zụrụ n'akwụkwọ. Ma o teghị aka, ọ sị na Mmụọ Nsọ enyela ya ntuziaka ịhịwe ụka nke aka ya, ka ọ gaa na-akuzi ma na-atọpụ ndị ajọ mmụọ kere agbụ. Ma o doro ewu na ọkụkọ anya na ọ na-atọghe atọghe, na-ekechikwa ekechi; na-abọ ọnwụ, ma na-elikwa ọnwụ. O nweghịkwa onye ọzọ a na-arụgara aka mgbe Maazị Achụama kwuru,

"Ma ndị ama ma ndị amụma m gwọọrọ ọgwụ, ma ndị Igwe ma ndị chọrọ ịka aka ka igwe," ka ọ na-asa asịsa tupu ọ nwụọ, n'abụghị Pastor Sanctus Nsọdịnobi Onyemauche.

Onye bịara ekpere be ya, agaghị ama ihe dị iche na be onye ekpere na be nwa dibịa. Ọ ga-ebu ụzọ jụọ onye ahụ ma ọ chọrọ ka e meere ya ekpere na Igbo, ya bụ *ịkwakụ ihe,* ka ọ chọrọ ya na Bekee, ya bụ n'Aha Jisọs. N'ezie, ọ bụru na Jisọs naara ego tupu ọ rụọ ọrụ ebube ka nwoke a sị ana, ị mara na ọ bụ ya kaara ịbụ ọgaranyangada mbụ biri n'elu ụwa a. Onye na-anwụ anwụ ejighị ego adịbeghị nkwado maka ọgwụgwọ. Ọzọ, nwa ogbenye enweghikwa olile anya nzọpụta n'aka onye nsọ a, ma o nweghị ala maọbụ ihe a ga-ejidete aka tupu e meere ya ekpere.

Ka ha na-ezosa ekpere agha n'isi Ibuanyịdanda ka a chụpụ ya ajọ mmụọ, ọ gwara ha na a dịghị mmadụ abụọ ayị ara. Ọ kpọrọ ha ndị ara ụka, wee jụọ Pastor Sanctus Nsọdịnobi Onyemauche,

"Nwoke m, ị sị onye ma? Anyị machaara kpọm kwem na a naghị eme ekpere eme. Akamụ na garị ka a na-eme eme. A na-ekpe ekpere ekpe. I gbusa ikpere n'ala ka nwa *goat*, ị rịọ Chukwu ka nwa *sheep*, ka ọ mere gị ihe ka ị bu nwa *cow* n'ebe ahịhịa ndụ juru. Ọ masị ya o mee, ọ masịghi ya ọ gaghị eme. Ị sị m onye ma? Anyị machaara!"

Otu nwoke n'ime ndị ekpere ahụ bịara bido Ibuanyịdanda aka n'isi, na-eti, "*holigoosu fayaaaaaa, holigooooosu fayaaaaaa!*" A tụrụ anya na ọ ga-adaru ala site n'ike e ji ebi ya aka, ma kama ọ ga-ada, o bidoro tụwa nkwe. Ọ kwụkata n'otu ụkwụ, o were ụkwụ nke ọzọ kwụrụ, na-ekwere ha,

"*holigoosu fayaaaaaa, ifafafa fayaaa*

holigooooosu fayaaaaaa!"

Iwe bịara Pastor Sanctus nke mere o ji malite ịsụ asụsụ mbibi. Ibuanyịdanda nọ na-eweri egwu. Igwe Rufos Nwekeabịa, Udu Mmụọ nke Mbụ na Mbụ *nke* Uduite tọgbọọrọ ka ukwu nkụ e gbuturu egbutu. Chi ejiwela. Ọtụtụ ndị mmadụ ndị gbakọtara alawakwala izu ike ụbọchị maọbụ isi nri abalị. Ezinaụlọ Igwe ezughịzikwa ezu. Ndị nọ n'ezi karịrị ndị nọ n'ime ụlọ niihina ụfọdụ ndị nwunye ya achịrịla ụmụ ha gbaala.

Igwe amaghị ọnụọgụ ndị nwunye ya, ma ya fọdụ ịma ndị bụ

ụmụ ya, na ọnụọgụ ha. Akụnaụba ya nke onye metụrụ aka o buru gbafuo, nke bụ na ọba ji ya gbazi ọtọ, ụmụ anụmanụ ya fuchaa. Ibuanyịdanda tụtụụrụ otu mma obejiri otu onye nche dowere n'ala wee gbafuo, kwụchie ọnụ ụzọ obi Igwe, nke bụ na o nweghị onye egwu kwere ịba n'ime ya. Okpuru akwa dị n'ime obi bụ ụlọakụ na ụlọatịkpa nke na-ewepụ na Ibuanyị buuru agha were nochie ụzọ, ọtụtụ ndị chere na isi dị ha mma, gaara igbu onwe ha n'ime ebe ahụ.

Ugbua ekpere adajụọla. Naanị olu Ibuanyịdanda ka a na-anụzi ka ọ na-akpọku Igwe ka o kulie ga sie nri abalị na chi ejiela. Mgbe Pastor Sanctus jiri laa, mmadụ amaghị, mana Ibuanyị ga-amarịrị. Ụfọdụ ndị okenye ji nka gbaara ehi ọsọ mgbe chi ka dị, ji nwayọọ na-abata n'otu n'otu. Ụfọdụ na-aga n'akụkụ n'akụkụ ka ndị na-akpa ejula. Ndị a naara mmuọnwụ ha na mba, na-ebu ịgba n'isi ala. Ma a gbataghị ya n'ọsọ niihina ọ bụ nwanne ozu, na-asa ozu ahụ.

Ibuanyị ka na-etisi mkpu ike na-akpọku Igwe, na-asị,

"Igwe, Igwee, Igweee! kulie na I ji ụgwọ. Kulie; bịa kwụọ ụgwọ I ji. Ume ka e ji afụ ọkụ, I richaa, ị kwụọ ụgwọ I ji. Ị kwụchaa, Ị gbatụnụ *Gbamgbam korodi, igbamgbagbam korodi*"

ỌGAZỊ AMAKA

Isi Nke Iteghete

Ọtụtụ ndị mmadụ ji azụ na-abata n'ike n'ike. Onye bataruo, o che ihu ebe o cheweburu azụ, gawa n'akanri maọbụ n'akaekpe ya. O nweghị onye yi uwe ọbụla, nke o nwere onye a ga-asị na ọ gba ọtọ. Ụdị mmadụ dị icheiche, si na-agbụrụ dị icheiche; ma ụmụaka, ma ndị ntorobịa, ụmụ agbara nwaanyị na ndị dike na dimkpa nwoke, ndị agadi na ndị agadi ekwe nka. Onye ọbụla chewere ihu otu ebe, onye na nke ya, onye na nke ya. O nweghị onye bu akpa, nke ọ na-enwe onye ji mkpọ, mana o doro anya na ọ bụ ụzọ ụla. Onye ruteruo n'ebe ụzọ gbara abụọ, o tinye isi n'otu ebe na-enweghị mmanye. Ndị a n'akanri, ndị ọzọ n'akaekpe. O nweghị onye na-akparịta uka nke ọ na-enwe onye na-ele ibe ya anya.

Igwe Rufos ka na-amakwa ọgọdọ, mgbe otu onye bịara fụchara ya ihe niile o yi, wufuo n'ime oke olulu omimi ya enweghị ngwụcha. Ọ chọrọ ikwu okwu, ma ume adịghị ya. Ọ kwụụrụ ebe ahụ na-ele naanị n'anya. Mgbe ahụ ka o doro ya anya na o nweghị onye ji ihe ọbụla ala mmụọ. Ọ hụrụ ọtụtụ ụmụnna ya na ndị Obodo Uduite nwụrụ anwụ ka ha kwụcha n'ọgbara n'ọgbara na-aga. Onye ọbụla chewere ihu otu ebe, onye na nke ya, onye na nke ya. O nweghị onye lere ya anya, nke o nwere onye maara na ọ nọ. Mgbe ahụ ka ọ matara na oge na-aga aga. Ihe agbanwoola. Onye ka mmadụ bụ, nke na ọ ga-agafete, ghara igburu ya ikpere n'ala, tuo ya, "Igweeee!" Ọ fọchara ya imanye ụmụanụ ụlọ na-agara onwe

59

ha, ka ha tuo ya aha. Mana taa, e tuweghị nku egbe n'isi, ma ya fọdụ nke udele. A hụghị ndị kwụ ọtọ, ma ya fọdụ ndị nọ ala.

Ozigbo, ọ hụrụ Maazị Akịdị na Achụama ka ha gafetara, hụkwa Ichie Ikpemaraeziokwu, onye ya na nna ya dị n'ọgbọ mgbe ha nọ ndụ. Maazị Ọzọemena gafetara, budo aka n'isi, na-efe n'isi. Ọ dịka obodo niile akwụ n'ọgba n'ọgba. Ndị kwụpụta, onye ọbụla n'ime ha a zaa aha nna ya, onye a n'akanri, onye nke ọzọ agaa n'akaekpe. Ọtụtụ ndị nukọrọ isi n'akaekpe bụcha ndị mpụ na aghụghọ mgbe ha nọ ndụ. O nweghị onye n'ime ha ihu tọrọ ọchị dịka ndị nọ n'ofe nke ọzọ. Mmadụ ibido aka n'isi na-efe n'isi gosiri n'isi apụtaghị. A gaghịkwanụ a sị, ọzọ emekwala ebe a, niihina ọ bụ naanị abalị abụọ ka mmadụ nwere n'ụwa.

Igwe Rufos chọrọ iso Ichie Ikpemaraeziokwu gaa n'ụba akanri, ma ije ekweghị ya ojije. Ma dịka onye akwụkwụ na-adọ, ikuku mmụọ na-eku na-akwaga ya n'akaekpe ka ezemmụọ Udelejiọjị dajọgharịrị dapụta. N'ezie, e zuo ka a ha eri udele, a tọtuo ngịga. Ihe onye riri na ndụ, ka ọ na-eri n'ọnwụ. Ụwa bụ ahịa, onye zụchaa, ọ kwakọrọ ụkpa ya lakwuru chi ya. Onye metere mma na mma so, ma onye metere njọ, ga-anara ụgwọ njọ n'uju. O nweghị onye ga-agbagha nke a, nke a ga-enwe onye ga-agbanahụ ụgwọ ọrụ ya. Mmadụ nwere ike ime ihe masịrị ya ka ọ nọ ndụ, ma ọ bụ ihe masịrị chi ya, ka ọ ga-eme mmụọ ya mgbe ọ nwụrụ.

Ozu nọ n'ime ili si na ọ nụrụ ihe ekwe na-akụ, ma aja ụpa ekweghị ya emegharị ahụ, ma ya fọdụzie ikulite zọgharịwa ụkwụ egwu niihina ekwe anaghi akụte onye ala ji. Igwe gbara karịkarị ka ọ hapụ iso ndị otu Ọzọemena, ma ihe ji ya jisi ya ike. O nweghị onye ghere ya ọnụ, nke ọ na-enwe onye na-ele ya anya. O nweghịkwa onye kwụ akwụ; kama onye ọbụla na-aga n'ihu n'ihu. N'ebe kwesịrị onye ka ọ na-ewere oke. Nke kacha nke bụ na o nwere ndị ekwesịghị inwe añụrị n'uche nke ya, ka n'ụwa a, ka n'ụwa ọzọ. Ma ọ hụrụ ọtụtụ n'ime ha ka ha na-abanye. Ka ọ nọ na-adọkasị onwe ya, otu onye bịakwutere ya na-ajụ ya ajụjụ. O kudara ume ịhụ otu onye n'ime puku kwuru puku mmadụ ahụ, igwa ya okwu. Niihina o nwere ka ọ dị ịnọ mmadụ mmadụ, na-esi mmụọ mmụọ. O gere ntị ka ọ nụ ihe ọ na-ekwu ma ọ nụghị ihe ọbụla. O fere n'isi ka nwa ọkụkọ mmiri gbasara, ma o nweghịkwa ihe ọ nụrụ. Onye ahụ kachiri ntị na-agwa ya okwu.

O tiri onwe ya aka na ntị ka o nwere ihe tichiri ya ntị; ma kama ọ ga-anụ ihe onye ahụ kwụ ya n'ihu na-ekwu, ihe ọ nụziri bụ nke a:

Igwe, Igwee, Igweee kulie na I ji ụgwọ

Kulie; nke ị ga-anwụ ugbua n'ọnụ agụụ

Ume ka e ji-afụ ọkụ, I richaa, ịkwụwa ụgwọ

Ị kwụchaa, Ị gbaanụ *ghamgbam korodi,*

Igbamgbagbam korodi. Kulieeee-e-eee!

Mkpọtụ a dachiri ya ntị, nke mere na ọ gbakeriri ala izochi isi ya na ntị ya. Ọ dị ya ka ebe e weere nnukwu ogene mkpịnabụọ kụọ mmadụ n'isi. Ọ tụgharịrị ka ọ hụkwa onye ahụ na-agwa ya okwu, ma ọ maghị onye ọ bụ; ma ọ hụghịkwa ya ọzọ. Naanị ihe ọ na-anụzikwa bụ oku Ibuanyịdanda na-akpọ ya. O wutere ya nke ukwu na chi ya agbahapụla ya n'aka ụmụ chịnchị na-ata ya *nchịkịrị* na mmụọ. Ọ bụrụ na a ga-ebepu ya ntị ya abụọ, were aja ọtọ machie oghere ha, ọ gaara aka ya mma, karịa ịnụ mkpọtụ otu onye ara a achọghị ịhapụ ya aka, niihina ọ na-adị nkita ijiji fekpuru n'ime ntị ka ya fepu isi ya.

Ọnwụ gụrụ ya agụụ, mana ọnwụ ekweghị abịa. Ndụ gụọ ya, mana o dola ya anya na n'ala anya hụrụ *ndị mbụ na ndị egede*, abụghịkwa ala ndị dị ndụ. Gawa aga, adịghị mma, lawa ala, adịghị mma bụ ya bụ ihe mberede dabidoro ya. Abụzụ gwara ụmụ ya na ihe oke mgbagwoju anya dakwasị ha na mba, ọ karịa ha were ụkwụ ha gbapusịa afọ ha latawa. Kamakwa ọ dị ndụ, ọnwụ ka mma, ọnwụ bịa otu mgbe ka mmadụ jiri ndụ ya mere ihe, makana ọ bụ site n'ọnwụ ka ndụ si ebido n'isi. Ihe niile na-esite n'otu ụdị, baa n'ụdị ọzọ. Ọnatarachi ọbụla na-agbanwe agbanwe, ka o wee na-akpụkete Okike kere ya nso. Ewu tachaa ahịhịa, ọ nyụọ *kịrịkịtị* n'ugbo, mkpọrọgwụ ihe akụkụ dị n'ubi amịkọrọ nsi ewu nyụrụ wee mịtakwa akwụkwọnri mara abụba. Mmiri dị n'ezu na-arịgoro n'elu, ka o wee zooro mmadụ ka mmiri ozuzo. A ga-eji ya bụ mmiri zoronụ sie nri, jiri ya sụọ akwa, jikwara ya wụọ ahụ, ñụọ ya añụ; ma e mechaa, o si ụzọ dị icheiche, laghachi azụ n'ezu ka anwụ wee mịgokwa ya n'urukpu.

ỌGAZỊ AMAKA

Ụwa bụ *kpakpankoro kpaa nkoro!* Ọkụkọ yie akwa, o kpuchie ya n'okpuru ya. N'oge adịghị anya, uriom e si na ya pụta mgbe akwa ahụ kpụghere; Igbo ji a sị na, *"ọkụkọ ga-abụ oke, na-ebido n'eju."* N'otu ntabianya, o toola. Na ntabi anya ọzọ, o yiwela akwa nke ya. Isiokwu bụ na chi jiri eji, efola efo, nke foro efo, ejiela eji. Ihe ka mkpa bụ na onye zara Okeke n'aha, keruo ekike n'isi oke e jirimara nke o ketere. Ị bụrụkwa egbene, kwaa akwa, Ị bụrụ nnekwu yie akwa! Ihe onye tụrụ n'ahịa, ka a na-azụtara ya. Mmadụ agaghị akọcha naanị ede, tụwa anya igwute ji n'ubi ya. Nke onye kụrụ, ka ọ ga-aghọrọ. Igwe agaghị egwecha mmadụ ka ngwe na-ata ọka, bịa chee na ọ ga-adịrị ya mfe.

O teghị aka, anya kochiwere ya ka ebe ụgbọgụrụ na-ezochi anyụ. Amụma bidoro sewe, ka ya na egbeigwe ha malitere ise okwu ọhụrụ. Nke a sewara alaka ya bido n'ọdụ ruo n'isi, nke ọzọ edee ka agụowuru a kwụrụ ọnụ agụụ otu ọnwa na ụma. Ụmụ nnụnụ nkwọ mmụọ ahụghị anya dịkata, ha akwacharịa ka o nwere ihe na-atọ ha ọchị. Ọ dịkwa egwu.

Ugbua, o nweghịkwa onye ọ na-ahụ ma ọ bụghị naanị ọchịchịrịị gbara ya okirikiri. Anwụrụ ọkụ si n'ala na-abolite n'ike n'ike. Ebe niile na-esi ajọ isi ka a na-ahụcha oke nkakwụ n'ọkụ. Oke ụjọ bịara jide ya nke wụrụ ya nnukwu akpataoyi n'ahụ. Ọ dịkwa ya ka ohi achọrọ izulahụ ya n'ime ọchịchịị ahụ. Nke a mere o jiri hapụ ọnụ ya aka, tisie mkpu ike!

Eriri adịghị ọkụkọ mma n'olu.

Nkeji Iri

Aka a nọ nkiti buru bu m egbe baa ohia, wee rue
gbagbuo ihe o tekata o mee; bọwa ya, wee bọta
mgbe bunaghị mgbe.

Mmadụ ịnwụ n'uhuruchi jọrọ njọ. Ọ bụghị nri abalị ka o riri n'ụwa wee bilie njem; tupu ọ ga-eru be mmụọ, ọ bụrụ na ha erichaala nri nke ha gbanyụọ ọkụ niihina ije eteka. Elu ụwa a dị omimi, ije ụwa adịghịkwa mfe. Ebe a na-aga tere nnukwu aka. A hụghị onye a kọọrọ.

Igwe niile na-eje n'ụzụ. Ma ọ bụghị igwe niile e wegara n'ụzụ na-akpụta ihe bara uru. Ụfọdụ na-emepụta ire ọgụ, ụfọdụ mma oge, mma ekwu, ụfọdụkwa mkpisi; ndị taziri nchara, e tufuo ha etufu. Ha bụ efuluefu. Igwe Rufos tara nchara bụrụkwa efuluefu. Mana akariogeri dị n'ụdị n'ụdị: e nwere ndị ka na-achọ ịla n'iyi, nwee ndị lagoro n'iyi, nwekwuazị ndị bụ iyi n'onwe ha. Igwe nọ n'agbataobi ndị ikpeazụ abụọ, mana niihina o ji ụgwọ, ọ dị mkpa na ọ laghachiri azụ, ka o dozie ihe ndị o mebiri. Elugwe ga-akwụ ụgwọ adịghị na nke a. Nsi onye nyụrụ anaghị asọ ya oyi. Onye nyụọ, ya kpoo!

Ndị okenye ka na-akpazi ka ha ga-esi kwọ nwaanyị ukwu gbara, mgbe Igwe Rufos Nwekeabịa, Udu Mmụọ nke Mbụ na Mbụ n'Uduite tetara. O si n'ala mmụọ tiri mkpu ahụ wee laghachite na ndụ. Ọsọ tasuuru ebe niile niihina ajọ mmadụ bụ ajọ mmụọ. E lie ajọ mmadụ n'ala, ajọ mmụọ ekulite. A ka na-atụ alo, ma o nweghị onye kwuputara ihe o bu n'obi mgbe nke a mere. Onye gbata, ọ gbaghara ibe ya. Ọsọ ekweghị ụfọdụ agba nke mere Maazị Obidigbo jiri daa otu ebe na-arịọ ka aghara igbu ya egbu. Ichie Ọsọndụ ụkwụ na ikpere na-egbu kemgbe, zara aha nna ya n'ụjọ, hapụ mkpọ ya aka wụọ ya ọsọ *mgbada bụ n'ugwu*. Ọgọdọ ya fechapụrụ abụghị nke a ka na-ekwu niihina, a na-agbaburị ọtọ tupu oyibo abịa. E nweghị ọnyịrịọnwụ n'elu ụwa. N'ezie, otu n'ime ụzọ abụọ nwa dike ji egosi na ọ na-akpa ike oge ụfọdụ bụ, ịtụgharị gbafuo n'ihu o gbu akpụkpụ isi. Ụta adịghịkwa na nke a. Ọ bụghị otu ngwere ahụ si n'elu ukwu ọjị daa a gbajighị ụkwụ, a gbajighị aka, sị na kama ụmụaka ga-akpụ ya n'ala, ọ gbajinye ha ọdụdụ ya laa.

Ibuanyịdanda lere anya hụ na ebe niile dịzi ka ebe e mesuru añụ bido egwu ya; ọ makwanụ onye a sị nwụrụ ụzụ akwa ya na-akpọtụ. Ọ gụwara,

"*E mesuo añụ, ọ gbawa obodo.*

Ịya, gbamgbam korodi,

gbamgbagbam korodi. "

Ọ gbaa gbaa gbaa, ọ jụọ Igwe ma ọ ga-agbakwa?

"Igwe Ị ga-agbakwa?"

Naanị olu mmiri ya Igwe nụrụ, dị ya ka mmadụ isi na agbada danye n'ime ọkụ. Akpịrị gụchara ya, igbirigbe ọnụ ya dịcha ka ogbeke gbaghere agbaghe. Anya ya bachaa n'ime ka onye hụjuru anya. Mmadụ iji anya ya abụọ hụ ntị ya bụ *nhughe*. Ma n'ezie, onye hụrụ mpio mmụọ, enweghịkwa ihe nhụju anya ọzọ ọ hụbeghị. Ibu weere mpekele ọba tọgbọ n'ala kute mmiri dị n'ite mmiri elili n'ala, che Igwe n'ọnụ. Egbughị oge ọbụla, ọ mịkpọrọ ya ka aja igwugwu si amị mmiri n'oge ọkọchị. Mgbe ihe ndị a na-eme, o nweghịkwa onye nọ nso. Chi ejimiwela. Ibu wetara otu ngwugwu naanị ya ma ihe dị n'ime ya gbahee, tabiri ya were ndị ọzọ na-afonye Igwe Ruphos n'ọnụ. Onye agụụ ji, na-asị na isi ede ka isi nne ya.

Mgbe Igwe nwetatụrụ onwe ya, ọ gbụpụrụ asọ ka onye ire ya nọkatara pulitewe eze. Naanị Ibu maara ihe o chere Igwe n'ọnụ; mana ọ bụrụ na ngwugwu a bụ ihe ọbụla e siri esi, a mara n'ụka nke ọ gbara bụ mgbatọ. Ma otuosiladị, ụchịcha nwụnara n'ime mmanụ anwụghị ajọ ọnwụ niihina okpoko nri dabara n'ime ofe, adaghị ajọ ada. Ume ka e ji-afụ ọkụ; ihe ka mkpa bụ na Igwe eriela nri, anya wee foo ya. Ọ hụrụ Ibu wee chọọ ịgba ọsọ. Ibu lere ya anya dịnta na-ele anụọhịa wee jụọ ya,

"Ị ga-agbali ikoro ka ọ bụ ikorodo?"

Igwe jiri ụjọ zaa ya, "Ee,a ga m agba?"

Ibu chịrị ọchị ka oke rachara nnụ, wụgharịa, gbagharịa ka mmọnwụ e nyere ego, we jụkwa Igwe ọzọ sị ya,

"Ndị ebe ahụ ha makwa na Ị mịpụtara?

M mịrị egbe gbaa gị kpọọ!

Ị ka ga-agba gbamgbam korodi?"

Igwe zara ya ọsọọsọ ma sị na a ga-aga, "Eeee, mba, ha amaghị na m mịpụtara; biko agbala egbe, ee, a ga m agba…"

Ibu jụkwara ya, "ị ka ga-agbakwa ọfala?"

Mgbe ahụ ka uche ya latazuru oke, o wee cheta na ọ bụ ya bụ Igwe na-achị Uduite . Ozu e bu n'isi, ọ na-atụ aka ebe a ga-eli ya. Igwe obodo ude ya na-ede na mba niile. Ji a hụnyere n'ọkụ, o si na isi ya na-epu ome. Ntakịrị obodo na-eme ihe ukwu. Nkenke ehi na-achụ igwe enyi ọsọ. Obodo nyụrụ amịrị na Ifite-Ezi, ọ gbadaa Ọba-Ekwulu ga kwaa aja. O lere anya ka obi ya ha, ma mbara ya gbazi ọtọ ka osimiri azụ niile bi n'ime ya nwụchara. Ozigbo, o kulili ọtọ, bido aka n'aja wee baa n'obi ya n'ekwughị okwu. O nwere ka ihe ga-emeru nwoke, obi ya akpọchie ka ịgba e kwere ekwe. A ga-ejizi ụjọ daara enwe n'elu? Ma otuosiladị, aka kpara nwa enwe, ọ zaa *monkey*. Onye mara ebe ọ sara ahụ, ya gaa chịrị uwe ya.

O wetara nwa obere akpa e ji ụdọ kechie, dị n'ime akpa akpụkpa mkpi ya, were nwayọọ na-agbaghe ya. Ka ọ na-atọghe ya, ka ọ na-atamu ntamu. N'ezie, eriri maara ngwugwu, ngwugwu maara onye kere ya. Ma isetịpụ ntị, ịnụchata ka ọ kpụ Ifanyịchukwu n'ọnụ. Ibuanyịdanda bụ okwu akpụ n'ọnụ! Eriri ogologo ọ tọpụtara n'otu ngwugwu a, ga-ezuru nwaanyị ogiri ike ngwa ahịa ya Eke abụọ na ụma. Mmadụ *ịga ije ngagheri dịka eriri e kedoro nwa arịrị n'isi* atọghị nkịtị. Igwe Rufos bụ o mere ka o kwuru. Ọ na-aka, ọ na-ere. Ọ bụrụ maka ịga ije ngagheri, onye a gwọrọ ya, gatara ihe n'ụkwụ.

Ma n'ikpeazụ, ọ bụ chi nwe okwu. Mmadụ kwuchaa, Okike kere okwu na ume e ji ekwu okwu ekwugharịa. Onye ọ naara ume, bụ onye nwụrụ anwụ. Onye ọ naara naanị okwu, abụrụla onye ogbi. Ya ji ji. Ya ji mma. Onye ọ wanyere, o rie. Onye na-azakwa Omekokwuru, ya sọkwaa Chukwu anya niihina ihu dike na-anyụ mma nkọ. N'atụmatụ niile, mmadụ kwesịrị ị sị, "ma Chukwu soro kwuo!"

N'ezie, eriri adịghị nwa ọkụkọ mma n'olu, ma nke e kere nwa ngwere e ruola ọtụtọ. Ka ọ na-atọpụ eriri ahụ, ime Obi ya gbara ọchịchị nịihina chi ejiwela; ụra malitere tụwa Ibu ebe ọ nọ n'ezi. O weere nwayọọ gwọsara n'ala, na-ata murimuri. Ihe ikpeazụ o kwuru bụ na ọ jụrụ Igwe sị,

ỌGAZỊ AMAKA

"Dịka oroma gwara oromankịrịsị, Igwe kedu ihe nke a, gwara nke ọzọ maka ụtọ ntọwa na ụra mmawa ntị?"

Mmadụ amaghị ebe Ibuanyị si atụpụta okwu ya na ihe na-akpalite ọtụtụ egwu ọ na-agụ. Ihe ọhụrụ o nwere ike ime anaghị agwụ agwụ. O wee bụrụ otu agwụ nke ya si akpa ya. Ike dịkwa ya. Ọzọ bụ na ara dị n'ụdị n'ụdị. Obodo niile nwekwara ndị ara, mana o nweghị onye maọbụ ndị nwere onye ara dịka Ibuanyịdanda. A sị na Ibu bụ ajọ onye ara, ọ dịka ọ bụ na ọ maghị ayị ara. A sịkwanu na ọ bụ ezigbo onye ara, ọ dịka a dara ada okwu. Ihe kọwara ya nke ọma bụ na ara na-aka mma n'okorobịa. Mana onye kọrọ nwa mmadụ ara, chee aka ghọrọ mkpụrụ ọ kụrụ n'isi ụmụ nke ya.

Otu onye ara sị n'uche ya dị ya, na ọ ma ihe ọ na-eme, kama na nke na-emezi ya, bụ nke ọ maghị. Ọ bụ mmadụ ka a na-aria, mmadụ na-ariakwa onwe ya. Ọtụtụ ndị ntorobịa ara na-apụ tata, metara onwe ha *ụwa ngharịgha* site n'ibi ajọ ndụ, iso ajọ otu, ịza oke aha na-egbu nwankịta, isi ekwe ekwe, ịñụ mmanya ike, maọbụ ise ahịhịa na anwụrụ ike ka ha abụ ire ọkụ na-agba ọzara. Ọ bụ otu ọjọọ a mere Obiekwe nwa Maazị Atakata ihe ọ bụ taa. O sooro ụmụ okorobịa Enuama wee see ahịhịa na Mbuze; ebe ha na-agbakọ, were izu ohi na ịnọ nkịtị mere aka ọrụ. Mgbe ọ nataruru n'ụlọ ha, ọ nọrọ na-achị naanị ọchị, mana ụmụnne ya ka che n'uchc ya dị ya. Ọbụladị mgbe ọ malitere na-agba egwu ogene enweghị onye na-akụrụ ya, ha ka chere na ọ bụ obi añụrị ka ọ na-enwe. Mgbe chi na-eji, e zitere ndị be Atakatagbuọ na nwa ha Obiekwe chịzi uwe ya n'aka na-agba odogwu na Eke. Ọ bụkwa a gbacha egwu, ọ laa n'ukwu? Ara ruru ahịa, abụghịzi obere ara. Ụsụ rịrị ojị abụghịzi obere ụsụ.

Oke soro ngwere maa mmiri, ọ kọọ ngwere, ọ gaghị akọ oke.

ỌGAZỊ AMAKA

Mmechi Akụkọ

Ngwere nyụchaa nsị, ọ tụpịnye ya ọnụ. A tụtụjuo akpa, e kechie ya ọnụ. A kpachaa nkata, a gbaa ya ọnụ; ma nkata kpuru okpu, ọ ghọọ ngịga. Onye emegbula mmadụ ibe ya. Nwa mmụọ emegbula nwa mmadụ ma nwa mmadụ emegbula nwa mmụọ. Ọ bụkwanụ mmadụ ka a na-arịa? Mmiri atala, azụ anwụla. Nke onye kwesị ya, ma onye na-eme ihe ekwesịghị ekwesị kwụsị ya. Ndụmọdụ mmadụ nyere onwe ya, kacha. Ọ bụ eziokwu na ihe niile gbatara mmadụ n'obi pụrụ ime eme, ma ọ bụghị ihe niile mmadụ nwere ike ime, ka ala ga-emechi anya, gbachi mmadụ nkịtị ka o mee. Ala gba nkịtị, e bekuo, "Elu doo!". Elu tie gbim, ala na ụmụ akwụala akaa ụta. O nwekwara ebe a na-aga ooo. Niihina akịka takaa akpatị, richaa ozu, e mechaa akụmkpu e si n'ala felite. Akụ fechaa, ọ daara awọ, mmadụ magharịchaa maọbụ megherichaa, ọ laa ga kọọrọ Chi ya ije ụwa ya. Mana tupu ọ gawa, mmadụ ga-amarịrị maka akaebe. Naanị Chukwu ma, ezughị oke, mmadụ ga-amarịrị. Igwe Rufos, kulitere, kụchaa etum na ntụ makụrụ ya n'ahụ, gawa n'ama naanị ya.

Ikwikwii ka ụmụ anụmanụ na ụmụ nnụnụ ibe ya
hụrụ na ehihie ka ọ na-agba ọsọ, ọsụsọọ na-esu ya
ka ebule ka nụchara ọgụ; na mgbagwoju anya, ha
jụrụ ya sị, "Ọ bụ ginịkwa na-achụ gị? Ka o nwere
ihe ị na-achụ?" Niihina ọ dịghị ka ụmụ nnụnụ ndị

*ọzọ, ọ bụ sọ ya na chi ya maara ihe o jiri na-akpa
naanị n'abali; ọ kwụsịrị obere oge, tụgharịa ka ọ
mara ma o nwere onye na-eso ya n'azụ. O kwuru sị,
"Ibe anyịnụ! Ọ bụ m mụrụ nwa m, kama na isi ya
na-atụzikwa m egwu. Ntụgharị ọ na-atụgharị anya
ya, bịara m oke ụjọ. Akwụ m abataghịzikwa mụ na
ya!" Ihe a bụ ihe dị egwu mere o jiri rie nwenwe
ọsọ n'ehihie. Niihina Ikwikwii dịka nwa awọ,
anaghi efe n'elu n'ehihe. Awọ hapụkwanụ
ndagwurugwu rigoro n'ugwu, a mara na o ri awọ
wakporo ya.*

O nweghị onye jụrụ ya ihe ọbụla, kama ụkwụ niile sooro ya
oyi oyi na-aga. Ntị nujuo, ọ gba nkịtị, anya hujuo, ọ rahụ ụra. Ndị
okenye abụọ takwụkọrọ isi ọnụ, na-atụ ya ka ọ bụ *ntaarụ*. Ndị na-
abia n'ihu chaara ya, ụfọdụ e tinye isi n'ọhịa niihina ahịa ọhụrụ na-
agbagharị udele anya. O nwebeghị anya hụrụ Igwe n'ụdị ahụ. E
bughị ya *e buru gaa, e buru laa* ka Nwadịshị ndị nche na-eche
n'ihu'azụ. Ọ na-aga, ọ na-eko ka ụgbọgụrụ. Mana taa, ihe niile
agbanweela. Tupu ọ na-eru n'ama, ọtụtụ ndị obodo ezukọla ka eze
azụ. Ọtụtụ okwu adịghị mkpa maka ọgbakọ taa nke ikele, *"Chaa
chaaa, Uduite ekele m unu"* ji dị mkpa.

O weliri aka ya elu, mkpọtụ niile ahụ kwụsị. Ntị niile ghere
oghe ka opi ụgbọgụrụ. Ọ jụrụ,

ỌGAZỊ AMAKA

"Kedu Okigbo. Maazị Okigbo ọ nọ ebe e?"

Ozigbo, Dee Detụ, onye añụrụma, dapụtara ebe ahụ sị,

"Ite-Udu nkwụ, mmanya mma nu oo! Ọha obodo ekele m unu, mmanya mma nu oo…"

Ọ ka kpụ okwu n'ọnụ, mgbe mmadụ abụọ weere iwe buru ya ka egbe si ebu ọkụkọ. Ma okwu agwụbeghị ya n'ọnụ.

"Ọ sị na ọ bụ *oke Igbo* dowere ya isi na anya ka onye mmanya gwụrụ n'ahụ? Dee, detụ mmanya ọnụ, ka ị hụ na mmanya dị ụtọ. E bola *'oke Igbo'* ebubo. Ụbọchị ọzọ, ọ ga-asị na ọ bụzi ụsụ bekee? Onye ụsa, Ị bịara ịsa asịsa ka ọ bụ azịza ka ị bịara ịza?

Ka ha na-ebutu ya, ọ rịọrọ ka e butuo ya n'ọdụ mmanya n'ime Eke, niihina ike apụọla ya n'ahụ. Ha gbahapụrụ ya otu ebe.

Tupu ha a na-alaghachi azụ Maazị Okigbo apụtala. Igwe Rufos rịọrọ ka ụfọdụ ụmụokorobịa na ndị okenye olenaole soro Maazị Okigbo ga chọọ Maazị Ụwalaka ebe ọbụla ọ nọ. Otu mgbe ahụ, ọ kọwaara ọha Obodo na aka Ụwalaka dị ọcha. Ọ rịọkwara ka ọha obodo gbaghara ya:

"Ma afa e kwuru, ma afa e kwughị, ọ bụ m na-ekwu;

Arigom, bụ m gburu ya. Ezemmụọ Udelejiọjị, bụkwa m gburu ya oo.

Ibuanyịdanda, bụ m kọrọ ya ara, ka ọ bụrụ naanị m na ụmụ m kacha.

Aka Ụwalaka dị ọcha, bikonụ gaanụ chọta ya, ma kpọlata ya"

Oke mkpu dara ebe niile. Ọtụtụ ndị nne nwaanyị kpọrọ ya ụdị aha ọjọọ dị icheiche. Ụfọdụ ndị okenye nọ ebe ahụ, na-agba n'aka. E nwekwara ndị bọọrọ ya ike. Nwekwaa ndị tinyere aka n'akpaabụ wee gbakwasị ya ụchụ. Ọfọ, nwanne Ibuanyị, na ụfọdụ ụmụokorobịa anwụrụ ọkụ na-apụ n'isi chọrọ iji aka tigbu Igwe Rufos; mana otu agadi nwoke a na-akpọ Ọkụdaaibube rịọrọ ha ka

74

ha ghara ime ihe ka ike ha ha, niihina ihe ha chọrọ ime bụ arụ. Okenye anaghị anọ n'ụlọ, ewu amụọ n'ọgbịrị. Ọ gwara ha etinyekwala aka n'ọgụ ndị mmụọ, niihina ndị mmụọ anaghị ele anya n'azụ were egbu mmadụ.

"Ha nwere ike iche na unu na-azọ ya azọ, wee zọgbuo unu. Lee, ihe a ọ dị, ọ bụ ndụ. A sị na ọ nwụọ taa, echi anyị ga-enwe Igwe ọzọ."

Ma o nwere ndị ọzọ dịka iwe nke ha agbapuola elumilu dị n'umeju ha. Ọtụtụ buuru igboguru, ndị ọzọ kpooro agba na mgbajala na-eche ka a tabie anya, ka ozu ya tọgbọrọ. Ichie Ọkụ jiri aka ya, gaa ebe Igwe Rufos nọ, kara ọmụ nkwụ gebichie ya gburu gburu. Nke a mere na o nweghịkwa onye obi ga-aka ịga nso, niihina ọmụ na-asọ nsọ uke. Ka a na-eme, mkpu dara n'ebe nke ọzọ. Ọ dị ka mmụọnwụ ọhụrụ Ọ na-apụta ama. Anya e lere bụ Ifeanyịchukwu Mmadụeke ka a hụrụ. Ọnụ a na-asa ka a jụọ ya ihe mere, ọ malite ijụ onye nwụrụ ụzụ akwa ya na-akpọtụ.

Ma "gbamgbam korodi, ịgbamgbam korodi" ọ gbado aka n'ukwu na-agba. Ọ gbachaa, a gụọrọ ya, "E buru gaa, e buru laa..." ọ ma na-aga, na-ala; ọ gakọchaa, ọ gaa na Obi Igwe kwasa ụfọdụ ngwongwo ya. Tupu ọ na-ala, ma ọ dapụtara ya, ọ kụọ ma gbaara onwe ya, "Ajakaradingwom, ajakara ajakaradingwom," o nweghịkwa nke Ifeanyị chetara. Ihe niile a bụzi akụkọ ifo. Ọ maghịkwa na ọ yịrị ara nke ọ na-echeta na ọ zara Ibuanyịdanda n'oge gara aga. Mgbe O kulitere n'ụra na be Igwe, Ọ hụrụ akịrịka na ọyọkọtọ kposa ya n'akụkụ, ma ọ maghị mpụtara ha. Obi Igwe tọgbọ chakoo. Ọ lara n'ụlọ ha, ma o nweghị onye ọ hụrụ n'oge ahụ. Ọ gbaara mmiri, wụchaa ahụ, gbanwuo *nkịrịnka* uwe ọ yibu wee pụtawa n'ama. N'ezie, onye kee ekike, a mara ihe maọbu onye ọ bụ. E ji asị na a hụ Ọdụm, a hụ ihe ọdụdụ. Onye hụrụ Ifeanyị taa, maara na mmadu echighatala n'uju!

Ma ọ bụrụ na mmadụ na-eke maọbụ na-ekegharị mmadụ ibe ya, ụfọdụ ndị nwere isi ga-ebu ọdụdụ. O nwere ndị obi ha jọgburu udele na njọ ma sigbuo nkakwụ n'isi. Tụfịakwa! Ma ihe sọrọ ha mee, o nweghị ihe na-anyị Chukwu ime. Ọ bụ ya bụ nwoke oghorogho anya na-ahụ ihe niile. Ngwe na-egwe igwe. Ya bụ, Odogwu ji ugwu ama `mbù. Ya bụ mbụ, ikpeazụ, na azụbụụzọ. Ya bụ onye bu igu ewu na-eso, bụrụkwa onye bụ ụzọ, egwu na-eso.

O teghị aka, Maazị Okigbo na ndị otu ya nukọrọ ka ụmụ ikikeremkpọ nụrụ isi akwụ. Maazị Ụwalaka nọ n'etiti ha, ya na ndị nwunye ya abụọ ndị ọ lụtara n'obodo a maghị aha ya. Ụmụ ya ise sokwa ha; ụmụnwaanyị anọ, n'otu nwoke. Ha mara oke mma, nke ọbụla chọrọ ka ọ makarịa ibe ya. Ha kpụtakwara ụfọdụ ụmụanụmanụ ọ na-akpa ebe ahụ. Ụmụ atụrụ iri, ewu anọ, na otu nne ehi dị ime. Ọ tụrụ obodo n'anya ụdị ọgaranya Ụwalaka bụzi. Onye meghee ọnụ, ọ na-akụ aka, na-agba n'aka, na-eti sọ mkpu. Ndị ikwunaibe ya, gara na-amakụ ya, ma na-ekiri ụmụnwunye ya na ụmụaka ya bụ sọ mma. Ụfọdụ nọ na-eche ihe kpatara Ụwalaka jiri hapụ ebe ọ nọ wee soro ha lọta. Ọ gaara ịnọzi ebe ọ nọ ghara ịlọta n'obodo *gwụra gwụra* a.

A chụkata mmadụ, a chụga ya ebe dị ya mma. Ụwalaka
nọkatara n'uru na ịta ikikirieze otu ụbọchị n'obodo Ugwuawụsa
ebe ọ gbalagara, kulie, jụọ onwe ya ma ọ na-eku ume ka onye? Na
mkpọmkpọ kpọrọ Okolo n'ụkwụ apụtaghị na Okolo adaruola ala.
Okolo dara n'ala apụtaghị na Okolo agaghịkwa ekuli ọtọ. Aha m
abughị Adaka maọbụ Adakada, aha m bụ Ụwalaka!

"A ga m aza Ụwalaka ụwa eru aka, elu eru aka? Mba!"

Ọ tara onwe ya ụta ebe ikpe mara ya, dụọ onwe ya ọdụ n'ebe
ndị o meteghị, ma kasie onwe ya obi niihina nke dị n'ihu ka.
Ọkụkọ bọrọ n'ihu, bọọ n'azụ jụọ ụmụ ya, "nke dị n'ihu na nke dị
n'azụ kedu nke ka?" Ụmụ ya gwara ya na nke dị n'ihu ka. O
kpebiri na ọ gaghi anọzi n'uru, nke ọ ga-etinye aka ya n'ụrụ. O
bidoro gbawa mbọ, rụwa ọrụngo wee ruo na ọ kpata ego o ji gbaa
ala nke ya. Tupu mmadụ na-ekwucha *Obikererenke* maọbụ
Okereke Okereke, ọ rụchapụla ụlọ, lụọ nwaanyị, mụta ụmụ ma
kpatakwaazị akụ na ihe e nwe nwe.

Mana mmadụ nwee elu, nwee ala, ma o nweghi ebe o si, mara
na o nweghi ihe ọ nwere. Ụmụ ya jụọ ya aha obodo ya, ọ ga-agwa
ha na ha bụ ndị Ugwu, ka ọ ga-agwa ha na ha bụ ndị Ndịda Ugwu?
Ajụjụ a eriela Ụwalaka nri n'ahụ n'agbanyeghị ude ya na akụ ya
niile n' Ugwu Awụsa. Ya mere, ngwangwa Uduite ziteere enyi ya
bụ Okigbo na ndị otu ya, Ụwalaka egbughị oge ọbụla kwakọrọ
mgwomgwo ya, kpọkọrọ ezinụụlọ ya sochie ha azu, laa obodo ya.

Oge ha na-abata n'etiti ama obodo, mkpu dara. Ndị mmadụ

na-ekiri Ifeanyị, ka na-ekiri ya, ndị na-agba asịrị hụkwara ihe ha ji mere isi akụkọ. Ọñụ juputara Ụwalaka obi nke na anyammiri si ya n'anya na-ezo ka mmiri.

"Uduite nne m oo, Udu gị ka m na-akpọ

Kedu ka i siri gaa, kedu ka i siri gaa ije ee?

Ọ bụkwa ọdụ gbuo n'obi Igwe, Enyi echeta

Ka nwanne ya nwoke siri laa n'ọhịa nta!

Ojemba e nwe ilo, ma ilo dị nso ooo"

Ọ kpọkwara imi, were obeaka ya hichaa imi na anyammiri na-awụdata ya n'ihu, wee bidokwa

"A gbakata a gbagharịa, *Agbịị m* gị ka m…"

Ozigbo ahụ, Okigbo kụtụrụ ya aka, niihina ịkpọta Agbọmma aha na mbem akwa ya, dịka nwa nnụnụ agbara gbara n'ọnụ na-ebeghecha ọnu. Ọ ghọtara onwe ya ozigbo, mara ụma jide aka n'ikpere kwuo na ọ bụ agba ikpere na-enye ya nsogbu kemgbe, ka ọ na-ekwu maka ya.

Ma nke bụ eziokwu bụ na Agbọmma dere Ụwalaka uli eme nhicha na mmụọ ruo taa, kemgbe afọ iri na asaa e jiri chụpụ ya n'obodo. Ọ na-arọ nrọ, ọ na-arọta Agbịị o jiri gụọ egwu n'ụlọakwụkwọ mgbe ezi ka dị n'ukwu ụkwa. N'agbanyeghị na

78

ỌGAZỊ AMAKA

Agbọmma gwakwara Ụwalaka ka ọ hapụ ya aka, Ụwalaka ñụrụ iyi sị kama ọ ga-ahụpụ Agbọmma aka, ọ zawa Elulaka nke o kwuru na ọ kweghị omume. Otuosiladị, ọ gaghị ahapụ aha ya zawa aha onye ọzọ, niihina Agbọmma a lụọla di, ma mụta ụmụ. A gaghịkwa eji niihina nwa nkịta etoola, sị na ọ bụzi *nkịukwu*. E jighị ike eme ụwa.

Igwe Rufos weliri aka ya elu ka o kwuo okwu ọzọ, mgbe ahụ ha tikporo ya mkpu ka o zuru ohi ji. E wepụ na ọ bụ chi na-akụ eze, Uduite gaara ehopu Igwe Rufos na mgbede ahụ. E wepụ enyemaka ndị okenye nọ ebe ahụ, ụmụ okorobịa kaara ime nsọ ala site n'iji iwe gbuo maọbụ merụọ onye ndị ichie nyere ọfọ áhù. E jighị iwe oke esu ụlọ ọkụ. Ọ bụ ya mere Ọkpụkọnsị ji ekele Chi Okike n'isi ndị okenye. Ọ sịrị na ọ bụ ha mere ka ụmụaka mara ihe dị iche na ebe ọ nọ, na ebe ebe na-ata ji nọ; makana ụmụaka gaara ewere ya hụọ n'ọkụ, chee na ọ bụkwu ebe. O nweghị onye chọrọ ịnụ olu Igwe maọbụ hụ ya anya niihina ukwu akwụ dara ada, agaghi ekulikwa ọtọ ọzọ.

Onye a hanyere ọchịchị n'aka, were aka ya na-eduba ndị ọ na-achị n'ọchịchịị, ada a akwatuo ya *ọchị* n'ala; niihina onye gbakaa ute ya, ọ rahụ n'ala. Ọtụtụ ndị ukwu dị ike e sila otu a daa mgbe ha chere na ọ bụ n'ike aka ha ka ha ji nọrụ. Ya kpatara nkịta jiri kwuo na ndị nwere ike amaghi anọ ala. Dịka Azuka sị machaa mma, ma ọ maghi ihe e ji mma emee. A na-eri mma eri? Mba! Onye mara mma bụ aka, ka chi ya kpọọrọ ya; ma onye nwere ezigbo agwa, bu mma zuru oke ka chi ya jiri duo ya ụlọ.

Chi ejiela. Onye ọbụla alawala be ya. Ọnwa sara mbara n'ala, na-eti nke na *aga* daa n'ala, a hụ ya. Warawara ụzọ niile dịcha ka ogologo agwọ nwechara isi nta n' ebe tere aka. Taa, ọkụkọ agaghị ekwu na ọ kpachaa nke chi ya, kpaa nke aka ya, wee chọọ ịkpa nke ya, chi ejilahụ ya. Chi ka dị ma a sị ka e lewe ọnwa anya n'ihu. Ọ naghi akụ mgbanụ taa, ma tupu chi na-efocha, o ga-agafe urukpu ka ụtụtụ wee tụtụpụta. Mgbe ahụ ka Uduite ga-ama ebe asụasụ dowere ọdụ. Ma na nchikọta okwu, Ifeanyịchukwu mechara gụọ akwụkwọ, turu nzere okaibe Onyenka na Mahadum, lụta nwanyi, mụta ụmụ, ma na-agba ụgbọala dakarịchara ọnụ ahịa n'oge ahụ.

Chi ejimiela. Ọnwa ejirila nwayọọ nwayọọ na-alakpu. Ikwiikwii na ụmụnna ya apụtawala n'ama, nọrọchaa n'elu osisi na-akpa maka ihe ndị mere n'abalị ụyaahụ ya. Ọ dị mkpa mmadụ ịma ihe ndị mere n'oge gara aga, maka ọdị mma nke ụwa nke ọdinihu. Ma onye ọbụla kọkwaa nke ọ nọ mgbe o mere, maọbụ nke ọ ma onye kwuru.

Ka ha na-ekwu, ha nụrụ nnukwu mkpọtụ n'okpuru ukwu osisi mana o nweghị onye hụrụ ihu onye na-ala n'uchichi ahụ.

"Ssshieee, ọ bụ onye e?"

O nweghị onye maara onye ọ bụ, kama o kwugheriiri na-aga, na-atamu. Ọ daa, o kulie.

"Ihe m maara bụ, Ị kwaa m, a kwagwara m gị. Onye

ỌGAZỊ AMAKA

agbakwala ọsọ na Uduite a . Mmadụ agaghị na-aza *Rufos* biri n'ụlọ akịrịka. Mana ihe ọ sọkwara ọgazị ya maa mma, a gaghị e ji ya gọ mmụọ. Ee, *Ọgazị amaka, ma e jighị ya agọ mmuọ*. Ma detụ mmanya ọnụ nwanne, ka ịhụ na *mmanya dị ụtọ!*

Ọ gwụ!

Maka Akwụkwọ a:

"Ọgazị Amaka ziputara ọtụtụ ihe na-eme n'obodo ụfọdụ n'ala Igbo n'oge a. Odee ji agụmagụ a wee gbaa agwa ya n'anwụ dịka onye anya ruru ala, onye a zụpụtara nke ọma n'ime obodo amụrụ ya. Onye gụọ akwụkwọ a, ọ ghaghị ịchọpụta na oke dibịa gbaa afa na ndị mmụọ agaghị egbu oge izukọ jụwa ase ihe a chọrọ ka ha mee. Omume ọbụla zoro ezo mmadu na-eme maọbụ nke adighi mma bụ onwe ya ka ọ na-emegide niihina ọgazị mara mma ma ejighị ya agọ mmụọ bụ na mma ya lara n'iyi."

Ifeka, O. R. (Ph.D)

Chukwuemeka Odumegwu Ojukwu University

Igbariam Campus

"Akwụwkọ a bụ 'Ọgazị Amaka' amaka. Ọ bụ iduuazị nke Abụ, Akpaalaokwu na Ilu nwetachara ohere ha siri piobatachaa n'ime ya, iji weputacha akọ bụ ndụ dị na ndụ ndị Igbo. Kaosiladị, ọ bụ naanị ezi nwaafọ Igbo, maara asụsụ Igbo nke ọma nwere ike ịgụtanwu ya, ma ghọtakwa ya. I nwere isi ọma ma ọ bụrụ na Ị zụtanwuo ya, gụtanwuo ya, ghọtanwuo ya, ma nwee ike ime ka ndị ọzọ mata maka ya."

Rich. N. Ekegbo

(P.R.O., Otu Sụwakwa Igbo Nigeria Initiative)

www.igboniile.org

"Akwụkwọ a bụ 'Ọgazị Amaka' mara mma nke ukwuu. O nyere ọtụtụ nkụzi ga-abara onye ọbụla tinyere uche ya nke ọma mgbe ọ na-agụ ya, ma bụrụkwa agụmagụ ga-enyere onye ọbụla na-eme ajọ ihe aka ka o wee chegharia, mata na ihe ọjọọ ọbụla nwere ụgwọ na-eche ya. Otu aka ahụkwa, ihe ọma ọbụla mmadụ mere, nwekwara ụgwọ ihe ọma so ya. Nwetara onwe gị akwụkwọ a, ka I gụọ ya wee ghọta ihe m kọwara maka ya.

Oriakụ Okanị Christiana

Ifeagọrọchukwu

(Ngalaba Asụsụ na Omenaala Igbo, St. John of God Sec. School, Awka na Pope John Paul Major Seminary, Ọkpụnọ-Awka)

"Ọgazị Amaka bụ nnọọ akwụkwọ juputara n'ihe mmụta. A sị na nke onye metara, ka ọ ga-eji isi ya buru makana, *"Ọgọ gbata ọsọ na ngwere adaa elu!"* adịghị akọ na be onye lụrụ ada nwegere. A sị na a na-ele ugo a na ele osisi ugo bere n'elu ya. Fada Ositadimma, a na m ekele Chineke n'isi gị maka ọmaricha ọrụ a ị wepụtara. Daalụ."

Chidimma Nwankwo

(Ngalaba Igbo, Africa na Asịa, Nnamdi Azikiwe University, Awka)

"Nwata na-ebugara nna ya oche n'ama, na-ama aha a na-etu ndị mmụọ. Ositadimma, dịka ndị mbụ soro m mgbe m malitere **Otu Sụwakwa Igbo,** maara nnukwu mkpa ọ dị ịchekwa asụsụ na omenaala Igbo n'akwụkwọ ma n'akụkọ. N'ime akwụkwọ a, o gosipụtara ya, ọ di ka ehihie. Ya bụ, ndị Igbo sụwakwanụ Igbo, niihina asụsụ bụ ndụ mba!"

Prof. Pita Ejiofor

*(Onyeisi, **Otu Sụwakwa Igbo**)*

"Ndị be anyị, ọ dịzị ka a ga-asị na anyị na añụzị mmiri atụrụ makana nwa atụrụ Chineke ji onwe ya chụọ aja. Kedụ ka anyị si buru asụsụ mbiambia n'isi ma were ụkwụ na-akpa nke bụ nke anyị? Odee gwara anyị n'agụmagụ a, na etu mmiri siri bụrụ ndụ azụ, etu ahụkwa ka asụsụ siri bụrụ ndụ mba. Ihe ọzọ tọrọ ụtọ n'akwụkwọ a bụ na-achọghị mmanụ ndị Igbo ji eri okwu na ya achọ. Ya bụ na ụkọchukwu nwa Amakeze ji ilu, atụmatụokwu na atụmatụagụmagụ wee chọọ ederede a mma. Ọgazị Amaka bu nkuzi nke onwe ya. Onye mara asụ, ya sụọ n'ikwe, ma onye amaghị asụ, ịsụghị n'ala, ị sụọ n'ụkwụ gị."

Ndubuisi George

Germany

*Odee "**Woes of Ikenga**."*

"Ọkụkọ hapụ kwọm, o jirizia gịnị zụọ ụmụ ya? Asụsụ bụ otu ihe dị iche e ji wee mara ndị obodo ọbụla. Asụsụ na-ejikọta ma na edokwaba obodo ọbụla. N'ezie, obodo ọbụla gbahapụrụ maọbụ chefuo asụsụ ha ga-abụ obodo ga-ekposa n'oge na adighi anya. Ọ bụ ihe mwute na abia n'ime òtù mba ụwa na elekọta agumakwụkwọ na omenaala anya bụ UNESCO, asụsụ Igbo so n'asụsụ ndị a na-atụ anya na ọ ga-abu asụsụ nwụrụ anwụ n'oge na adighi anya. N'ihi ya, obi di m ụtọ nke ukwu na o nwere ndị chukwu wepụtara ga-agbanwe ọnọdụ ahụ ka asụsụ Igbo na-aga n'ihu; ndị ga-na ede ihe na-atọ ụtọ juputara na mmụta dika agụmagụ a. Ya mere, 'Ọgazi Amaka' bụ nnukwu nkwalite, enyemaka na ọganiihu asụsụ Igbo nke si n'aka odee ghọtara na e kwesiri i si n'ụlọ, mara mma wee pụọ n'ama bụ Fada Ositadimma Amakeze. E ji m n'aka na oge n'adịghị anya na onye ọbụla chọrọ amamihe Igbo ga-enwe, ma gụkwaa akwụkwọ a, makana nku di na mba n'eghere mba nri."

Chijioke Oliobi, LL.M.

The Hague, Netherlands.

(Onyeisi otu Sukwaa Ya N'Igbo)

"Ndị Igbo tụrụ ilu sị na a na-ebido n'ụlọ mara mma wee pụta ezi. Ọ bụ ihe kwesiri ñnomi na Ositadimma Amakeze depụtara ụdi ederede a n'asụsụ anyị. Umunne m, nke m bụ nke m, nke anyị bụ nke anyị. Ka anyị matakwa na onye ọgọdọ ñnụta anaghị agbasi egwu ike n'ọgbọ. Omenaala na asụsụ bụ ejirimara ndị, asụsụ Igbo bụ njirimara nwaafọ Igbo ọbụla ebe ọbụla ọ hụrụ onwe ya. Onye Igbo chọrọ imụta bekee burugodi ụzọ mụta asụsụ Igbo. Ka anyị kwadonu asụsụ anyị."

Oluchukwu Afuecheta
United States of America

Dee:

....

....

....

....

....

....

....

....

....

....

....

....

....

....

....

....

Printed in the USA
CPSIA information can be obtained
at www.ICGtesting.com
LVHW071950170923
758232LV00084B/808

9 789785 135664